AF556292

अंडे से निकला
आदमी

अंडे से निकला आदमी

पौराणिक भारत की कथाएँ

सुधा मूर्ति

प्रकाशक • **प्रभात प्रकाशन प्रा. लि.**
4/19 आसफ अली रोड,
नई दिल्ली–110002

संस्करण • 2025
अनुवाद • मीना सिंह
मूल्य • तीन सौ रुपए
मुद्रक • नरुला प्रिंटर्स, दिल्ली

ANDE SE NIKLA AADMI
₹ 300.00
stories by Smt. Sudha Murty
(Hindi translation of 'THE MAN FROM THE EGG')
Published by Prabhat Prakashan, 4/19 Asaf Ali Road, New Delhi-2
e-mail: prabhatbooks@gmail.com ISBN 978-93-5266-727-7

इन्फोसिस के निर्माण के
समय क्रिस गोपालकृष्णन
और सुधा को उनकी
अनमोल स्मृति के लिए

भूमिका

भारत में 'त्रिमूर्ति' शब्द का उपयोग तीन देवताओं—ब्रह्मा, विष्णु और महेश के लिए किया जाता है और तीनों देवताओं को मिलाकर 'त्रिदेव' कहा जाता है।

ये तीनों मिलकर ब्रह्मांड की अखंडता का प्रतिनिधित्व करते हैं, लेकिन साथ ही अपनी विशिष्टता को बनाए रखते हैं और तीनों में लोगों को वरदान देने की क्षमता है। भारत में हर रोज मंदिरों एवं घरों में इनका पूजन किया जाता है और इनके लिए प्रार्थना व मंत्रोच्चार किया जाता है। इनकी महिमा का वर्णन करते हुए असंख्य कहानियाँ हैं; लेकिन फिर भी ऐसे अनेक सवाल हैं, जो अब तक अनुत्तरित हैं।

शिव और विष्णु तथा उनके विभिन्न अवतारों के भी अनेक मंदिर हैं, लेकिन ब्रह्मा के मंदिर कहीं-कहीं ही मिलते हैं, जबकि त्रिदेवों में उनका भी उतना ही महत्त्वपूर्ण स्थान है। फिर ऐसा क्यों है?

अमरत्व-प्राप्ति की अपनी चाह में असुरों ने त्रिदेव को किस तरह धोखा देने का प्रयास किया? उनके प्रयास कैसे विफल हुए?

सरस्वती, लक्ष्मी और पार्वती क्रमशः ब्रह्मा, विष्णु और शिव की पत्नियाँ हैं; लेकिन केवल पार्वती ही हैं, जिनके अनेक अवतार हैं और उन्हें शक्ति की देवी के रूप में माना जाता है। उनका एक अवतार दुर्गा हैं, जिन्हें एक ऐसी देवी माना जाता है, जो जुझारू योद्धा हैं। एक सुंदर सुशील देवी कैसे एक जुझारू योद्धा के रूप में पहचानी जाने लगी।

भारतीय पौराणिक कथाओं की मेरी श्रृंखला का यह दूसरा खंड है, जिसे मैंने अपने प्रिय पाठकों और भविष्य की पीढ़ियों के लिए लिखा है।

हमेशा की तरह ही इस बार भी अपने निराले संपादक श्रुतकीर्ति खुराना और अंजु कुलकर्णी का इस पुस्तक को तैयार करने में उनकी भूमिका के लिए मैं उनकी आभारी हूँ।

अनुक्रम

ओंकार स्वरूप

ब्रह्माजी की भूल

ब्रह्माजी इस ब्रह्मांड के और सजीव-निर्जीव हर तत्त्व के निर्माता हैं। कहा जाता है कि भगवान् विष्णु की नाभि से निकले कमल के फूल से उनकी उत्पत्ति हुई थी। एक मूर्तिकार जिस प्रकार मूर्तियों को आकार देता है, उसी प्रकार ब्रह्माजी इस ब्रह्मांड के रचयिता हैं, जो जीवन के हर स्वरूप को गढ़ते हैं। हम सभी उनकी संतानें हैं।

युगों पूर्व प्रणय के देवता मन्मथ, आज जिन्हें कामदेव के रूप में पहचाना जाता है तथा उनकी पत्नी रति ने ब्रह्मा से वरदान पाने के लिए वर्षों तक कड़ी तपस्या और व्रत किए। वे विशेष प्रकार का तीर और धनुष चाहते थे। उनकी तपस्या से प्रसन्न होकर अंततः ब्रह्माजी प्रकट हुए।

मन्मथ ने कहा, "हे प्रभु! मुझे ऐसा तीर-धनुष दीजिए, उससे जब मैं किसी व्यक्ति को निशाना बनाऊँ, तब वह अपने निकटतम व्यक्ति के प्रेम में पड़ जाए।"

ब्रह्मा ने मन्मथ के अनुरोध पर विचार किया, 'यह वरदान सही है।' उन्होंने सोचा, 'इससे अधिक-से-अधिक मनुष्य एक-दूसरे के प्रेम में पड़ेंगे, जिससे इस पृथ्वी पर अधिक-से-अधिक बच्चों का जन्म होगा और मानवजाति फलेगी-फूलेगी। वैसे मुझे नहीं लगता कि दृढ़इच्छाशक्तिवाले अथवा वे लोग, जो अध्यात्म के पथ पर बढ़े जाते हैं, वे मन्मथ के धनुष के वशीभूत होंगे। लेकिन केवल इस कारण से मुझे वरदान देने से नहीं रुकना चाहिए।'

भगवान् ब्रह्मा ने हाथ उठाकर वरदान देते हुए कहा, "तथास्तु।"

गन्ने का बना एक धनुष और फूलों का बना तीर मन्मथ के समक्ष प्रस्तुत

हुआ। प्रसन्नचित्त मन्मथ ने उसे थाम लिया और ईश्वर को हृदय से धन्यवाद देकर अपने रास्ते चल दिए।

जल्दी ही मन्मथ के हृदय में तीर-धनुष को आजमाने की इच्छा पैदा हुई और बिना अधिक सोचे-समझे उन्होंने पहला तीर ब्रह्मा पर ही चला दिया।

ब्रह्मा उस समय एक सुंदर स्त्री का निर्माण कर रहे थे, उसका नाम था सतरूपा, एक अपूर्व सुंदरी स्त्री। ऐसी सुंदरता विश्व ने पहले कभी नहीं देखी थी।

जैसे ही ब्रह्मा ने स्त्री में प्राण फूँके, मन्मथ के तीर ने अपना काम शुरू कर दिया।

ब्रह्मा सतरूपा की ओर इतनी गहन दृष्टि से देखने लगे कि वह डर गई। उसे उम्मीद नहीं थी कि उसका रचयिता ही उसे इस कदर घूरना शुरू कर देगा। इसलिए उनसे बचने के लिए वह उनके दक्षिण की ओर बढ़ गई। ब्रह्मा अपनी दृष्टि नहीं हटा सके और उसकी ओर देखने लगे। सतरूपा उस समय आश्चर्यचकित हो गई, जब उसने देखा कि ब्रह्मा के दाहिनी ओर एक और सिर उग आया। भयभीत सतरूपा बचने के लिए बाईं ओर भागी, तभी उस ओर भी एक सिर उग आया। बचने के लिए वह ब्रह्मा के बिल्कुल पीछे चली गई, तभी पीछे की ओर सिर उग आया। इस तरह ब्रह्मा के चार सिर उग आए—पूर्व, पश्चिम, उत्तर और दक्षिण। अब सतरूपा किसी भी दिशा में जाए, वह ब्रह्मा की नजरों से नहीं बच सकती थी। ब्रह्मा उसे हर दिशा में देख पा रहे थे।

सतरूपा के पास अब ऊपर की तरफ जाने के अलावा कोई उपाय नहीं बचा था। लेकिन ब्रह्मा यहीं नहीं रुके। जब वह सुंदरी ऊपर की ओर जाने लगी तो ब्रह्मा के पहले सिर के ऊपर आकाश की तरफ निहारता उनका एक चेहरा और उग आया और इस तरह ब्रह्मा ने सतरूपा को निहारना जारी रखा।

शिव इस पूरी घटना को देख रहे थे। वे क्षुब्ध हो गए। उन्होंने सोचा, अब समय आ गया है कि मैं इस निस्सहाय कन्या की सहायता के लिए कदम उठाऊँ।

शिव ने सोचा, ब्रह्मा सतरूपा के रचयिता हैं। यह उनके लिए उचित नहीं है कि वे इस तरह सतरूपा के प्रेम में पड़ें।

शिव ने आकाश की ओर देख सकनेवाले ब्रह्मा के सिर को अपने त्रिशूल से काटकर अलग कर दिया और उन्हें श्राप दिया, "अब से हमेशा आप चार सिरवाले देव ही रहेंगे और आपकी पूजा केवल एक स्थान पर ही होगी।"

ब्रह्मा का पाँचवाँ सिर काटने के बाद ही शिव को यह ज्ञात हुआ कि अपने इस आचरण के लिए ब्रह्मा पूरी तरह उत्तरदायी नहीं हैं, बल्कि यह मन्मथ का प्रणय तीर

था, जिसने उनसे यह सब करवाया।

यह ज्ञात होने के बाद अपने अभिशाप का प्रभाव कम करने के लिए शिव ने यह अभयदान दिया—"ब्रह्माजी, हो सकता है कि आपकी पूजा उस तरह नहीं की जाए, जिस तरह विष्णु और मेरी पूजा की जाती है; लेकिन त्रिदेव के रूप में हमेशा आपकी पूजा होगी।"

इस बात से इनकार नहीं किया जा सकता कि ब्रह्मा को अभिशाप देने के बाद शिव स्वयं भी श्रापग्रस्त हो गए और परिणामस्वरूप वे घुमंतू तपस्वी बनकर ब्रह्म कपाल, जिसे अब उत्तराखंड में 'बदरीनाथ' कहते हैं, में पहुँच गए। शिव अपने हाथ में ब्रह्मा का कटा हुआ सिर लिये हुए थे। उन्होंने उसका उपयोग अपने भिक्षापात्र की तरह किया; लेकिन आश्चर्य की बात थी कि खोपड़ी का वह भिक्षापात्र कभी भरता ही नहीं था। उसमें चाहे जितना ही अन्न डाला जाए, वह खाली हो जाता था। शिव जब वाराणसी पहुँचे और वहाँ पार्वती की अवतार धन-धान्य की देवी अन्नपूर्णा से भिक्षा ग्रहण की, तब वह भिक्षापात्र भर सका। ऐसा माना जाता है कि ब्रह्मा का पाँचवाँ सिर तब से शिव के पास ही रह गया। कहा जाता है कि जहाँ यह घटना हुई थी, वह स्थान राजस्थान का 'पुष्कर' है।

□

एक दिव्य समाधान

सुंद और उपसुंद दो असुर भाई थे। वे बहुत मिल-जुलकर रहा करते थे। वे भोजन, कपड़े, यहाँ तक कि अपना राज्य भी बराबर-बराबर बाँट लिया करते थे।

अमरत्व प्राप्त करने की आकांक्षा से उन्होंने कड़ी तपस्या शुरू कर दी, ताकि ब्रह्माजी को प्रसन्न किया जा सके। कड़ी तपस्या के बाद अंततः ब्रह्माजी प्रकट हुए। असुर भाइयों ने ब्रह्मा को प्रणाम करते हुए कहा, "हे प्रभु! आपकी उपस्थिति से हम अभिभूत हैं।"

ब्रह्मा ने मुसकराकर कहा, "प्यारे भक्तो! तुम्हारी तपस्या प्रशंसनीय है। मैं तुम्हें एक वरदान दूँगा। बताओ, तुम क्या चाहते हो?"

सुंद और उपसुंद इसी क्षण का इंतजार कर रहे थे। उन्होंने एक स्वर में कहा, "हम अमर होना चाहते हैं।"

ब्रह्मा ने कहा, "यह असंभव है। कोई भी प्राणी मरने के लिए ही पैदा होता है। मैं केवल रचयिता हूँ और मेरे पास मृत्यु को रोकने की शक्ति नहीं है, अतः कुछ और माँगो।"

काफी सोच-विचार के बाद सुंद और उपसुंद ने कहा, "तब हमें यह वरदान दीजिए कि हम केवल एक-दूसरे के हाथों ही मारे जाएँ, कोई और हमें न मार सके।"

अब ब्रह्मा अपने असुर भक्तों को वरदान देने के लिए प्रसिद्ध हो गए थे। ऐसे वरदानों के साथ प्रायः विचित्र शर्तें जुड़ी होती थीं। सच्चाई यह थी कि ब्रह्मा वरदान देते समय यह सुनिश्चित करते थे कि उनमें कोई-न-कोई खामी रह जाए, क्योंकि

उन्हें पता था कि हर नश्वर को मरना ही होता है। इस बार भी ऐसा ही था। उन्होंने सिर हिलाया, "आज से आप अपराजेय हैं। आप केवल एक-दूसरे के हाथों ही मारे जाएँगे।"

सुंद और उपसुंद खुशी से फूले नहीं समा रहे थे। उन्हें पता था कि वे कभी एक-दूसरे से नहीं लड़ेंगे।

दोनों भाइयों ने मिलकर अनेक राज्य जीते और वे काफी शक्तिशाली हो गए। एक के बाद एक विजय मिलने से वे अहंकारी हो गए और उन्होंने जल्दी ही अपनी प्रजा को सताना शुरू कर दिया। मित्र और शत्रु दोनों उनसे आतंकित थे, क्योंकि वे मनमाने ढंग से राज्यों पर कब्जा रह रहे थे। दशकों तक उनके अत्याचार सहने के बाद संसार के लोग अब उनकी मृत्यु की कामना करने लगे थे; लेकिन उन भाइयों के बीच के संबंध पहले की तरह ही मजबूत थे। उनमें कहीं भी किसी तरह के मतभेद नज़र नहीं आ रहे थे।

आखिरकार लोगों ने ब्रह्मा से आग्रह किया, "प्रभु, इस संसार को इन राक्षसों से मुक्ति दिलवाइए। कोई और ऐसा नहीं है, जिससे हम गुहार लगा सकें।"

सहायता के लिए लोगों की चीख-पुकार सुनकर ब्रह्माजी ने सोचा, 'सर्वशक्तिमान असुर निश्चित रूप से मनुष्य जाति पर कहर ढा रहे हैं। मैंने ही इन राक्षसों को अजेय रहने का वरदान दिया था और लोगों पर आए इस संकट का कारण मैं ही हूँ। ऐसे में मेरा यह दायित्व बनता है कि मैं इसका कोई हल निकालूँ।'

काफी सोच-विचार के बाद ब्रह्माजी को एक उपाय सूझा। उन्होंने एक अति सुंदर भुवन-मोहनी स्त्री का निर्माण किया और उसका नाम 'तिलोत्तमा' रखा।

सुंद और उपसुंद, दोनों जब टहल रहे थे, तब ब्रह्मा की योजना के अनुसार तिलोत्तमा उनके निकट से गुजरी। दोनों भाई उसकी अपूर्व सुंदरता पर मुग्ध हो गए। उनको देखकर वह सिर हिलाकर उनके पास से गुजर गई।

सुंद ने मंत्रमुग्ध होकर तिलोत्तमा को देखा और अपने भाई से कहा, "मैं इससे विवाह करना चाहता हूँ।"

उपसुंद ने कोई उत्तर नहीं दिया। वह भी वही बात सोच रहा था।

सुंद ने देखा कि उसका भाई उसकी होनेवाली पत्नी को घूर रहा है तो उसे यह समझते देर न लगी कि उसके भाई के मन में क्या चल रहा है। उसने सोचा, यह अपूर्व सुंदरी उपसुंद की भाभी बनने वाली है, ऐसे में वह इसे इस तरह घूरने की हिम्मत कैसे कर सकता है।

उसने दहाड़ते हुए अपने भाई से कहा, "होश में आओ! वह मेरी पत्नी बनने वाली है। तुम्हें उससे अपनी भाभी की तरह व्यवहार करना चाहिए।"

उपसुंद ने कहा, "लेकिन सबसे पहले मेरी नजर उस पर पड़ी थी। उसे मुझसे विवाह करना चाहिए।"

"भाई, आप ऐसा कैसे कह सकते हैं?"

"मेरी बात सुनो। जैसे ही हमारी आँखें एक-दूसरे से मिलीं, मैं समझ गया कि हम एक-दूसरे के लिए बने हैं।"

सुंद इस बात पर सहमत नहीं हुआ। उसने कहा, "मैं बड़ा हूँ। मैं उससे विवाह करूँगा और मेरा निर्णय ही अंतिम निर्णय है।"

"मात्र इसलिए कि आप बड़े हैं, आप अपनी इच्छा मुझ पर नहीं थोप सकते। मेरी इच्छा भी मायने रखती है।"

इससे सुंद भड़क उठा। धीरे-धीरे दोनों भाइयों में विवाद बढ़ता चला गया। दोनों में से कोई भी तिलोत्तमा को छोड़ने को राजी नहीं था।

काफी बहस के बाद उन्होंने तय किया कि वे उस स्त्री से ही पूछते हैं कि उसे कौन अधिक पसंद है और वह स्त्री जिसे भी पसंद करेगी, दूसरा उसकी बात मान लेगा।

जब उन दोनों ने तिलोत्तमा को अपनी समस्या बताई तो उसने ऐसा दिखाया कि वह इस बात से काफी विचलित हो गई है। उसने कहा, "यह सुंदरता अभिशाप है। इसने आप दोनों में दरार पैदा कर दी। श्रेयस्कर होगा कि मैं यह राज्य छोड़कर चली जाऊँ।"

उन्होंने कातर स्वर में उससे कहा, "नहीं तिलोत्तमा, हमें छोड़कर मत जाओ।" उन्होंने कहा, "सच-सच बताओ, तुम हम दोनों में से किससे विवाह करना चाहोगी?"

उसने इठलाते हुए कहा, "मेरा सपना है कि मेरा विवाह विश्व के महानतम योद्धा से हो, इसलिए मैं उसी से विवाह करूँगी, जो ज्यादा शक्तिशाली होगा; लेकिन इसका निर्णय मैं आप पर छोड़ती हूँ।"

सुंद और उपसुंद तिलोत्तमा के लिए अपने प्रेम को छोड़कर बाकी सबकुछ भूल गए। उन्होंने कुश्ती करने का फैसला किया। यह बात जंगल में आग की तरह फैल गई। अनेक लोग, पशु-पक्षी और यहाँ तक कि देवता भी उनकी कुश्ती देखने पहुँच गए।

कुश्ती बहुत ही भयंकर थी, क्योंकि दोनों भाई बराबर के शक्तिशाली थे। सुंद और उपसुंद, दोनों एक–दूसरे की कमजोरियों को भी जानते थे। उन्होंने दो उन्मत्त हाथियों की तरह कुश्ती लड़ी। पूरा संसार साँस रोके उन्हें देखता रहा। अंत तक दोनों में से कोई जीवित नहीं बचा।

अब हर कोई प्रसन्न था और ब्रह्माजी मुसकरा उठे। जो शक्ति से कभी समाप्त नहीं किया जा सका, उसे सुंदरता ने समाप्त कर दिया।

□

सत्यं शिवं सुंदरम्

सती की कहानी

राजा दक्ष ब्रह्मा के पुत्र थे। दक्ष के अनेक पुत्रियाँ थीं। उनमें से 27 का विवाह सुंदर चंद्रदेव से हुआ था और उनकी शेष बची पुत्रियों में से एक दक्षायनी का विवाह शिव से हुआ था।

दक्षायणी की इस पसंद से पिता दक्ष प्रसन्न नहीं थे। शिव अपना अधिकतर समय या तो बर्फ से ढकी हिमालय की चोटी कैलास पर्वत पर बिताते थे या मरघटों में। लंबी व काली जटाओं और गले में माला की तरह साँप डालकर वे बड़े डरावने नजर आते थे। दक्ष का मानना था कि उनकी सुंदरी कन्या इससे कहीं बेहतर पति पाने की अधिकारिणी थी, लेकिन दक्षायणी (जिन्हें रुद्राणी के नाम से भी जाना जाता है) अपने पति के साथ बहुत खुश थी। शिव जहाँ भी रहें, वह अपना समय बहुत प्रसन्नता के साथ बिताती थी।

एक दिन दक्ष ने महायज्ञ कराने का निर्णय किया। उन्होंने अपनी सभी पुत्रियों और दामादों तथा अनेक सगे-संबंधियों एवं मित्रों को महायज्ञ में शामिल होने के लिए आमंत्रित किया।

महायज्ञ के दिन जब दक्ष ने समारोह स्थल में प्रवेश किया, तब ब्रह्मा और शिव को छोड़कर अन्य सभी अतिथियों ने खड़े होकर उनका स्वागत किया। इससे राजा दक्ष अत्यंत क्षुब्ध हो उठे। उन्होंने सोचा कि भले ही शिव कोई देवता हों, लेकिन हैं तो वे उनके दामाद ही। ऐसे में उनके आगमन पर खड़े होकर उनका स्वागत नहीं करके उन्होंने उनका अपमान किया है।

कुछ महीने बाद दक्ष ने एक और महायज्ञ का आयोजन किया, लेकिन इस बार

उन्होंने दक्षायणी और शिव को आमंत्रित नहीं किया। दक्षायणी को जब पता चला कि उनकी सभी बहनें पिता के घर आ रही हैं तो उन्होंने शिव से कहा, "मैं यज्ञ के लिए अपने पिता के घर जाना चाहती हूँ। क्या आप मेरे साथ चलेंगे?"

शिव ने मुसकराकर कहा, "तुम्हें बिना निमंत्रण के नहीं जाना चाहिए, भले ही वह तुम्हारे पिता का घर क्यों न हो।"

दक्षायणी ने पलटकर कहा, "एक पुत्री को अपने माता-पिता के घर जाने के लिए निमंत्रण की जरूरत नहीं पड़ती।"

"ठीक है, लेकिन स्मरण रहे कि तुम्हारे पिता मेरे लिए कटु वचनों का उपयोग कर सकते हैं। मैं जानता हूँ कि तुम मेरे प्रति कितनी समर्पित और उदार हो। मुझे संदेह है कि तुम उनके कटु वचन सह पाओगी। मुझे आशा है कि तुम सतर्क रहोगी। मेरी प्यारी पत्नी, मैं तुम्हारे साथ नहीं जाऊँगा; किंतु मेरा आशीर्वाद हमेशा तुम्हारे साथ रहेगा।"

दक्षायणी ने जल्दी से कुछ उपहार एकत्र किए और शिव की सवारी नंदी बैल को साथ लेकर पिता दक्ष के घर के लिए रवाना हो गईं।

दक्ष ने जब अपनी पुत्री को देखा तो कहा, "मुझे स्मरण नहीं है कि मैंने तुम्हें कोई निमंत्रण भेजा था। क्या तुम्हारा उद्दंड पति भी आने वाला है?"

दक्षायणी ने किसी तरह अपने क्रोध को नियंत्रित किया और पिता की बात का कोई उत्तर नहीं दिया।

यज्ञ प्रारंभ हो गया, लेकिन दक्ष ने शिव को अपमानित करना बंद नहीं किया। उसने कहा, "प्यारी पुत्री, अपने पति के पास वापस लौट जाओ, जिसे तुम अपने पिता से भी ज्यादा प्यार करती हो। मुझे उसके द्वारा किया गया वह अपमान याद है और आप दोनों के लिए यहाँ कोई स्थान नहीं है।"

दक्ष ने कटु वचन कहने तब तक जारी रखे, जब तक कि यह सब दक्षायणी के लिए असह्य नहीं हो गया। दक्षायणी ने अत्यंत अपमानित महसूस किया और आँखें बंद कर अपने पति से प्रार्थना की, 'मेरे प्रभु, मैंने आपकी चेतावनी पर ध्यान नहीं दिया और यहाँ आ गई। यह मेरी भूल थी। आप सही थे। मेरे पिता ने मुझे जिस तरह अपमानित किया है, उस अपमान को लेकर मैं जीवित नहीं रह सकती।' और इसके बाद वह यज्ञकुंड की पवित्र अग्नि में कूदकर सती हो गई।

पूरे कक्ष में तनावपूर्ण शांति फैल गई। जो कुछ हुआ, उससे सभी अतिथि अचंभित थे।

जब शिव को अपनी पत्नी की मृत्यु के बारे में पता चला तो वे क्रोध में उन्मत्त हो उठे। वे इस कदर गरजे कि धरती काँप उठी। क्रोध की उसी अवस्था में उन्होंने एक अत्यंत डरावने अवतार वीरभद्र का सृजन किया और उसे एक शक्तिशाली सेना प्रदान की। उन्होंने वीरभद्र को आदेश दिया कि वह दक्ष का यज्ञ विफल कर दे और इस मार्ग में जो भी बाधक बने, उसे नष्ट कर दे।

किंतु इस पर भी उनका दु:ख व क्रोध शांत नहीं हुआ तो उन्होंने तांडव नृत्य शुरू कर दिया। इससे धरती थर्रा उठी, लोग घबरा गए और पृथ्वी का अंत निश्चित लगने लगा। लेकिन शिव तब भी नहीं रुके और न ही शिथिल हुए।

इस बीच वीरभद्र और उसकी सेना ने दक्ष का यज्ञ नष्ट कर दिया और उन सभी ऋषि-मुनियों एवं देवताओं को परास्त कर दिया, जो राजा की सहायता के लिए आगे बढ़े। राजा दक्ष का सिर भी धड़ से अलग कर दिया। वीरभद्र और उसकी सेना जब विनाश किए जा रही थी, तब उन लोगों ने सहायता के लिए ब्रह्माजी से अनुरोध किया। ब्रह्मा ने शिव से विनती की कि वे दक्ष को क्षमा कर दें और संसार में सामान्य स्थिति स्थापित करें। अंतत: शिव शांत हुए और उनमें दया भाव उत्पन्न हुआ।

उन्होंने बकरी का सिर लगाकर राजा दक्ष को जीवनदान दिया, ताकि अहंकारी राजा अपनी गलती को कभी नहीं भूले। जीवनदान मिलते ही दक्ष शिव के चरणों में गिर पड़े और अपना शेष जीवन एक शिवभक्त के रूप में बिताने का प्रण किया।

संसार में सामान्य स्थिति स्थापित होने के बाद शिव अपने सामान्य रूप में लौट गए और गहन समाधि में लीन हो गए। तब से दक्षायणी 'सती' के रूप में प्रसिद्ध हुईं।

□

पार्वती का जन्म

तारक एक शक्तिशाली और महत्त्वाकांक्षी राक्षस था। वह भगवान् ब्रह्मा का भक्त था। एक दिन उसने ब्रह्माजी को प्रसन्न करने के लिए एक पर्वत पर जाकर कठोर तपस्या शुरू की। उसकी तपस्या से ब्रह्माजी प्रसन्न हुए और उसके समक्ष प्रकट हुए।

तारक ने कहा, "हे प्रभु! मैंने आपकी उपस्थिति को अनुभव किया है, इससे मेरा जीवन सफल हो गया।"

ब्रह्माजी ने मुसकराकर कहा, "कहो, क्या चाहते हो?"

तारक ने तुरंत कहा, "मैं अमर होना चाहता हूँ।"

ब्रह्माजी ने कहा, "मेरे प्रिय भक्त, तुम जानते हो कि यह वरदान देना संभव नहीं है। तुम कुछ और क्यों नहीं माँगते?"

तारक ने कुछ सोचा और फिर कहा, "मैं ऐसे ही किसी मनुष्य या देवता के हाथों मरना नहीं चाहता। अगर मुझे मरना ही है तो मैं चाहूँगा कि मेरी मृत्यु भगवान् शिव के पुत्र के हाथों ही हो।" तारक को पता था कि दक्षायणी की मृत्यु से शिव अत्यंत व्यथित हैं और ऐसे में वे फिर से विवाह की बात सोच भी नहीं सकते। इस तरह यह वरदान वस्तुत: तारक को अजेय बना देगा और वह यमराज के चंगुल से बच जाएगा।

ब्रह्माजी तारक का उद्देश्य समझ गए; लेकिन फिर भी उन्होंने कहा, "ऐसा ही होगा।"

तारक की तपस्या पूरी हो चुकी थी। वह पर्वत से उतरकर अपने घर लौट आया। कुछ समय के बाद उसने एक शक्तिशाली सेना का गठन किया, जिसमें दस क्रूर अधिपति थे। अब उसने उत्पात मचाना प्रारंभ कर दिया तथा एक के बाद एक राज्य जीतने लगा। इस संसार के प्राणियों के अलावा उसने देवी-देवताओं को भी तंग करना शुरू कर दिया। उसने उन पर इतना अत्याचार किया कि हर व्यक्ति भगवान् विष्णु से उन्हें बचाने की प्रार्थना करने लगा।

भगवान् विष्णु ने उनकी प्रार्थना सुनी और कहा, "शिव और पार्वती का पुत्र तारक का संहार करेगा।"

हिमालय के राजा थे—हिमावत या पर्वतराज। उनकी पत्नी का नाम था—मैना। मैना चाहती थीं कि उनके एक ऐसी पुत्री हो, जो शिव की पत्नी बन सके। जब मैना को दक्षायणी के बारे में पता चला, तभी उन्हें इस बात का ज्ञान हुआ कि शिव की पत्नी का पुनर्जन्म होगा और वह उनकी पुत्री के रूप में इस पृथ्वी पर आएगी। इस विश्वास के साथ कि नियति शीघ्र ही अपना फैसला सुनाएगी, वे ध्यानमग्न हो गईं।

मैना ने एक सुंदर कन्या को जन्म दिया, जिसका नाम उन्होंने 'उमा' रखा। 'उमा' चूँकि पर्वतराज की पुत्री थीं, अत: वह पार्वती हुईं; अपने पिता के नाम हिमावत से या गिरिजा, जिसका अर्थ होता है—गिरि या पहाड़ों के राजा की पुत्री अथवा शैलजा, जिसका अर्थ होता है—पहाड़ों की पुत्री आदि नामों से भी जानी गईं।[1]

पार्वती अपने बचपन से ही शिवभक्त थी। बड़े होने पर भी वह या तो शिव की पूजा करती रहती या फिर उनके बारे में ही बात करती थीं। उसकी सुंदरता और बुद्धिमत्ता की चर्चा दूर-दूर तक होने लगी। उसका हृदय जीतने के लिए हालाँकि दूर-दूर से अनेक राजा एवं राजकुमार आए, लेकिन पार्वती केवल शिव के बारे में ही सोचा करती थीं। उन्होंने किसी अन्य से विवाह करने से मना कर दिया।

देवी-देवता बहुत व्याकुल होकर यह सबकुछ देख रहे थे। वे बड़ी बेसब्री से शिव और पार्वती के पुत्र की प्रतीक्षा कर रहे थे, जो तारकासुर का संहार कर सके।

---

1. प्राचीन काल में पुत्रियों के नाम सामान्यत: उनके पिता के नाम पर या वे जिस राज्य से होती थीं, के नाम के आधार पर हुआ करते थे। जैसे 'रामायण' में राजा जनक की पुत्री सीता का नाम जानकी था। उनका एक अन्य नाम वैदेही भी था, जो उनके पिता के राज्य 'विदेह' से जुड़ा हुआ था। उनको 'मैथिली' भी कहा जाता था, जो उनके पिता के राज्य की राजधानी मिथिला के नाम पर था। 'महाभारत' में राजा द्रुपद की पुत्री का नाम द्रौपदी था, जो उनके नाम पर ही था। द्रौपदी का एक नाम 'पांचाली' भी था, जो उनके पिता के राज्य पंचाल से जुड़ा हुआ था।

उधर शिव आस-पास के घटनाक्रम से बेखबर बर्फ से ढके कैलास पर्वत पर गहन ध्यान में मग्न थे। इस बीच अपने माता-पिता की चिंता के बावजूद अपने निर्णय पर अडिग पार्वती दुर्गम यात्रा कर कैलास पर्वत पर पहुँच गईं और वहाँ शिव की सेवा करने लगीं। वे शिव के आस-पास का पूरा ध्यान रखतीं, उनके लिए छाँट-छाँटकर फल लातीं और फूल चुनकर प्रतिदिन उनके लिए माला बनातीं। वे चाहती थीं कि जब शिव अपने ध्यान से बाहर आकर आँखें खोलें, तब वे उनके सामने ही रहें और जितनी जल्दी हो सके, उनसे विवाह करें।

देवी-देवताओं ने राहत की साँस ली। उन्हें आशा थी कि शिव जल्दी ही अपनी तपस्या पूरी कर लेंगे।

दिन, महीने और साल बीत गए, लेकिन शिव के ध्यान से बाहर आने के कोई लक्षण दिखाई नहीं पड़ रहे थे। अगर वे अपनी आँखें नहीं खोलेंगे तो पार्वती को नहीं देख पाएँगे और अगर नहीं देखेंगे तो फिर उनसे विवाह कैसे करेंगे—और विवाह नहीं होगा तो फिर पुत्र कैसे होगा? अगर वर्तमान स्थिति चलती रही तो तारक अपने अत्याचारों से सबका विनाश कर देगा।

हताश देवी-देवताओं ने स्थिति अपने हाथ में लेने का निर्णय किया। चारों ओर विनाश का खतरा मँडरा रहा था। उन्हें हस्तक्षेप करना ही पड़ेगा और जबरदस्ती शिव का ध्यान भंग करना पड़ेगा, लेकिन यह काम कौन करेगा? किसी में भी उनकी तपस्या में बाधा उत्पन्न कर उनके क्रोध का सामना करने का साहस नहीं था।

सबको पता था कि जब शिव अत्यंत क्रोधित हो जाते हैं तो उनका तीसरा नेत्र खुल जाता है, जिससे निकलनेवाली ज्वाला सामने पड़नेवाले को भस्म कर देती थी। लेकिन फिर भी, यह काम तो करना ही था।

तब देवी-देवताओं ने कुशाग्र बुद्धि के भगवान् विष्णु से संपर्क करने का निर्णय किया और उनसे हाथ जोड़कर प्रार्थना की कि वे शिव-पार्वती के विवाह का कोई रास्ता ढूँढ़ निकालें।

भगवान् विष्णु ने रहस्यमयी मुसकान बिखेरते हुए कहा, "ठीक है, देखता हूँ कि क्या मार्ग निकलता है!"

□

कामदेव

प्रेम के प्रतीक देवता मन्मथ और देवी रति बहुत खूबसूरत पति-पत्नी थे। एक-दूसरे के प्रति उनका प्रेम वसंत ऋतु में साफ दिखाई पड़ता है, जब उनके साथी फूल, कलियाँ, कोयल, तोते, मधुमक्खियाँ और हरे-भरे पेड़ उनके प्रेम के साक्षी बनते हैं।

एक दिन मन्मथ के पिता[2] विष्णु ने उन्हें अपने आवास पर बुलाया और कहा, "मैं तुम्हें एक कठिन कार्य सौंपने जा रहा हूँ। तुम एकमात्र देवता हो, जो भगवान् शिव को उनके गहन तप से बाहर ला सकते हो। जब तुम ऐसा करोगे तो शिव अपने नेत्र खोलेंगे और खूबसूरत पार्वती को देखेंगे। तुम प्रणय के देवता हो, अतः तुम अपने प्रणय तीरों का उपयोग कर शिवजी को पार्वती के प्रेम में डाल सकते हो।"

मन्मथ ने चौंककर कहा, "पूज्य पिताजी, आप मुझे अग्नि से खेलने को कह रहे हैं। शिव कोई सामान्य देवता नहीं हैं। वे विनाश के देवता हैं। उनका स्वभाव कितना उग्र है! और आप जानते हैं कि वे जब अपना तीसरा नेत्र खोल देंगे, तब क्या होगा? जब दक्षायणी हवन कुंड में कूदकर सती हो गई थीं, तब क्या आपने उनका तांडव नहीं देखा था? आप भी उनको शांत नहीं कर पाए थे और जब वे इस संसार को लगभग खत्म ही करने वाले थे, तब किसी तरह ब्रह्माजी उनको रोक पाए थे। ऐसे में आप कैसे सोचते हैं कि मैं उनकी क्रोधाग्नि से बच पाऊँगा? हो सकता है कि ऐसा करने के प्रयास में मैं मिट ही जाऊँ। कृपया मुझे जाने दीजिए।"

---

2. कई जगह ब्रह्मा को मन्मथ का पिता बताया गया है।

विष्णु ने कड़े स्वर में कहा, "मन्मथ, इस बात से इनकार नहीं किया जा सकता कि शिवजी संभवत: क्रोधित हो उठें; किंतु यह मत भूलो कि वे अत्यधिक उदार भी हैं। उन्होंने अपने श्वसुर को भी क्षमा कर दिया था और उन्हें फिर से जीवनदान दिया था। वे एकमात्र ऐसे देवता हैं, जो अपने भक्तों को यह सोचे बिना वरदान देते हैं कि उन्हें स्वयं इसकी कितनी कीमत चुकानी पड़ेगी। उनके लिए उनके भक्तों का इतना महत्त्व है। अगर कुछ दुर्भाग्यपूर्ण घटना घटी भी तो मेरा विश्वास करो, तुम्हें बचानेवाले वे पहले व्यक्ति होंगे। यह कोई सामान्य कार्य नहीं है। इस पर संसार का भविष्य निर्भर करता है।"

लेकिन मन्मथ और रति तब भी हिचक रहे थे।

भगवान् विष्णु ने कहा, "यह तुम्हारा कर्तव्य है। तारकासुर इतनी बड़ी आसुरी शक्ति बन चुका है कि कोई उसको चुनौती देने का साहस नहीं कर पा रहा है। मन्मथ, लोग कष्ट भोग रहे हैं और अगर तुम शिव का पार्वती से प्रेम नहीं करवाते तो वह कभी उनसे विवाह नहीं करेंगे और न ही पुत्र उत्पन्न करेंगे, जिसके हाथों तारकासुर की मृत्यु होने की बात है। वह असुर अपना दमन-चक्र जारी रखेगा, जिसके लिए एकमात्र तुम उत्तरदायी होगे।"

मन्मथ समझ गए कि इस मामले में उनके पास कोई बचाव नहीं है।

वह देवी रति के साथ बेमन से कैलास पर्वत की ओर रवाना हुए। वहाँ उन्होंने देखा कि पार्वती प्रेमपूर्ण नेत्रों से शिव को निहार रही हैं, जो उनकी उपस्थिति से अन भिज्ञ गहन तप में लीन हैं।

मन्मथ ने अपना काम शुरू कर दिया। उन्होंने अपने सभी साथियों से इस कार्य में सहायता माँगी, जिसमें उनका अपना वाहन एक तोता, मधुमक्खियों का झुंड और ऋतुराज वसंत शामिल थे। कुछ ही पलों में बर्फ से ढका कैलास पर्वत और वहाँ की हाड़ कँपाती ठंड गायब हो गई और उस क्षेत्र में वसंत की हरियाली छा गई। बर्फ पिघल गई और स्वच्छ जल की धारा बह चली। बर्फ से ढके पत्तों में हरियाली झलकने लगी और उन पर सूरज की रोशनी पड़ने से वे चमक उठे। चिड़ियाँ चहचहाने लगीं, कलियाँ खिलकर फूल बन गईं और उनकी सुगंध हवा में घुलकर बहने लगी। पूरा वातावरण प्रणय-निवेदन के लिए बिल्कुल अनुकूल बन गया था।

किंतु शिव पर इसका कुछ भी प्रभाव नहीं पड़ा। वे पहले की तरह अपने आस-पास के परिवर्तन से अनभिज्ञ अपने ध्यान में लीन रहे।

लेकिन रति और मन्मथ आसानी से हार मानने वाले नहीं थे।

नृत्यकला में पारंगत रति और मन्मथ ने ध्यान-मग्न शिव के समक्ष अत्यंत मोहक नृत्य प्रस्तुत किया; किंतु वे फिर भी अपने तप में लीन रहे। उनके चेहरे पर कोई हलचल नहीं दिखी।

उधर आसपास के वातावरण के सौंदर्य ने देवी पार्वती का मन मोह लिया और वे शिव से आँखें खोलने की प्रार्थना करने लगीं। दिन-पर-दिन बीतते गए, किंतु भाग्य साथ नहीं दे रहा था।

और समय बीतने के साथ ही मन्मथ अपना धैर्य खोने लगे।

उनकी कोई भी योजना सफल नहीं हो पा रही थी। अपने अंतिम अस्त्र के रूप में उन्होंने गन्ने से बना अपना धनुष और फूलों से सजे पाँच तीर उठाए। प्रत्येक तीर में अलग-अलग तरह के फूल सजे हुए थे—श्वेत कमल, नील कमल, चमेली, आम के बौर और अशोक के वृक्ष का एक फूल। वे तीर इतने प्रभावशाली थे कि उनका हलका सा स्पर्श पाते ही कोई भी व्यक्ति अपने निकटतम व्यक्ति के प्रेम में आकर्षित हो जाता था।

मन्मथ ने भगवान् शिव पर अपने पाँचों तीरों से एक साथ निशाना लगा दिया। वे तीर भगवान् शिव से हलके से टकराए और जमीन पर गिर पड़े। उन्होंने एकदम से अपनी आँखें खोल दीं। वे बिना पलक झपकाए देखने लगे। उनकी आँखें क्रोध से लाल हो रही थीं। उन्होंने सोचा, 'किसने मेरी तपस्या भंग करने का साहस किया?'

और तब उनकी नजर मन्मथ पर पड़ी, जो उन्हें देखकर इस आशा में मुसकरा उठे कि उधर से भी ऐसा ही मित्रवत् आचरण होगा। शिव को शांत देख मन्मथ ने सोचा कि उनके तीरों ने अपना असर दिखाना शुरू कर दिया है।

उधर मन्मथ की मुसकराहट ने शिवजी का क्रोध और बढ़ा दिया और उन्होंने अपना तीसरा नेत्र खोल दिया। कहा जाता है कि वह पहली और अंतिम बार था, जब भगवान् शिव ने अपना तीसरा नेत्र खोला था।

मन्मथ देखते-ही-देखते जलकर राख हो गए। जलते ढेर को देखकर शिव का क्रोध शांत हुआ और उन्होंने अपना तीसरा नेत्र बंद कर लिया। इसके बाद वे खड़े हुए और पार्वती या रति पर दृष्टि डाले बिना ही वहाँ से चले गए। वे ध्यान केंद्रित नहीं कर पाने और फिर से तपस्या नहीं कर पाने से निराश थे। उनका तप बाधित हो गया था। सौंदर्य और प्रणय के देवता कामदेव को बिना किसी कारण ही अपने प्राण गँवाने पड़े।

रति मूर्च्छित होकर जमीन पर गिर पड़ी। उसने रोते हुए कहा, "प्रियतम, हम

अलग होने के लिए नहीं बने थे। आपके बिना मैं कैसे जीवित रह सकती हूँ। शिव ने मुझे भी क्यों नहीं भस्म कर दिया?"

पार्वती ने रति को सांत्वना देने की भरपूर कोशिश की। स्वयं उनके मन में भी तरह-तरह के भाव आ-जा रहे थे। मन्मथ ने उनकी सहायता करते हुए ही अपने प्राण गँवाए थे, इस बात को लेकर वे काफी व्यथित थीं। उन्होंने इस बात पर भी अपमानित महसूस किया कि इतने समर्पण के बाद भी शिवजी ने उन पर ध्यान नहीं दिया।

उन्होंने निर्णय किया, 'अब मैं शिव के पीछे अपना समय बरबाद नहीं करूँगी। ऐसा समय आएगा, जब वे स्वयं मेरे पास आएँगे। तब तक मैं तपस्या करूँगी।' यह निर्णय करने के बाद वे कैलास पर्वत छोड़कर चली गईं।

निराश और निस्सहाय रति ने भगवान् विष्णु का स्मरण किया और कहा, "पिताश्री, आपने कहा था कि आप हमारी सहायता करेंगे, हमारा मार्गदर्शन करेंगे। हमें आपकी मदद की आवश्यकता है।"

विष्णु तुरंत रति के सम्मुख प्रकट हुए। पूरे घटनाक्रम से स्तब्ध और दुःखी विष्णु ने कहा, "पुत्री, विचलित मत हो। मैं मन्मथ को जीवित करूँगा, हालाँकि वह अब मनुष्य की भाँति शरीर नहीं धारण कर पाएँगे। वह लोगों के विचारों में, उनकी सोच में बने रहेंगे और तुम दोनों कभी अलग नहीं होओगे। जो भी प्रेम के बारे में सोचेगा, वह तुम्हें और मन्मथ दोनों को याद करेगा। वह अब से मनोज कहलाएँगे—ऐसा व्यक्तित्व, जो लोगों के विचारों में जीवित रहेगा अथवा अनंग (जिसके अंग न हो) कहलाएँगे। समस्त संसार तुम दोनों के बलिदान को याद रखेगा।

मन्मथ के भस्म होने की घटना को होली से जोड़कर देखा जाता है[3],
जिसके अगले दिन प्रायः हलकी-फुलकी वर्षा होती है।
कहा जाता है कि ये रति के आँसू हैं, जो उसने पति के बिछोह में बहाए थे।

□

3. होली को दैत्य के पुत्र और ईश्वर भक्त प्रह्लाद से जोड़कर भी देखा जाता है।

स्वर्ग में बनी जोड़ी

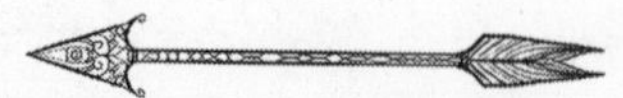

अपने निर्णय पर अडिग पार्वती ने तपस्या शुरू कर दी। उन्होंने अन्न-जल त्याग दिया और केवल मंत्रोच्चार पर ध्यान दिया। इससे उनका नाम 'अपर्णा' पड़ा, जिसका अर्थ होता है—'ऐसी कन्या, जो एक पर्ण तक खाने को तैयार न हो।'

जैसे-जैसे दिन बीतते गए, पार्वती की तपस्या और कठोर होती चली गई। सारे संसार में उनकी तपस्या की खबर फैल गई। साल बीतते गए और अपनी तपस्या से पार्वती ने काफी शक्ति प्राप्त कर ली।

इस बीच शिवजी को वह सबकुछ पता चल गया, जो उनके ध्यान-मग्न होने के दौरान हुआ—पार्वती का समर्पण और उन पर उनका ध्यान नहीं जाना इत्यादि। उन्होंने समझ लिया कि वे कोई सामान्य स्त्री नहीं हैं, अत: उनकी परीक्षा लेने का निर्णय किया।

भगवान् शिव संन्यासी का वेश धारण कर पार्वती से भिक्षा माँगने पहुँचे। पार्वती गहन तपस्या में लीन थीं, किंतु संन्यासी की उपस्थिति का एहसास होते ही उन्होंने आँखें खोल दीं। पार्वती के आँखें खोलते ही शिवजी को बहुत शांति अनुभव हुई।

पार्वती ने उनको देखा और यह जाने बिना कि वे कौन हैं, उन्हें वह सबकुछ दे दिया, जो उनके पास था। भिक्षा ग्रहण करते हुए संन्यासी ने पूछा, "देवी, आप तपस्या क्यों कर रही हैं?"

पार्वती ने बहुत साधारण ढंग से कहा, "यह तपस्या शिवजी के लिए है। मैं उनसे विवाह करना चाहती हूँ।"

संन्यासी ने कहा, "लेकिन देवी, वे आपके योग्य नहीं हैं। बर्फ से ढके हाड़ कँपकँपा देनेवाले ठंडे कैलास पर्वत पर रहते हैं और कई बार मरघटों में भी उनका वास होता है। आप अति सुंदरी और संवेदनशील हैं, जबकि उनकी वेशभूषा और चेहरा अत्यंत डरावना है। वे अपने शरीर पर राख मलते हैं और नरमुंडों की माला पहनते हैं। आप इतनी सुकुमारी हैं, जबकि वे इतने कुरूप हैं। आप इतनी विनम्र हैं, जबकि शिव का क्रोधी स्वभाव जग-जाहिर है। वे आपके योग्य नहीं हैं। आपका विवाह किसी विनम्र, सुंदर और सुशील युवक से होना चाहिए, ताकि वह आपको वे सभी सुख-सुविधाएँ दे सके, जिनके आप योग्य हैं। मेरी बातों पर गौर कीजिए और अपनी तपस्या छोड़ दीजिए। उसी जीवन में लौट जाइए, जिसके लिए आपका जन्म हुआ है।"

पार्वती संन्यासी की बातें सुनकर क्रोधित हो उठीं। उन्होंने कहा, "आप भिक्षा माँगने आए थे। मेरे पास जो कुछ था, मैंने आपको दे दिया। अब आप जाइए। मैं शिव के मानस को पहचानती हूँ। वे सुंदर-सुंदर वस्त्रों या आभूषणों की परवाह नहीं करते। वे यह भी नहीं चाहते कि उनके नाम पर भव्य आयोजन किए जाएँ। भक्तगण अगर बेलपत्र और जल चढ़ा दें तो वे उससे ही संतुष्ट हो जाते हैं। वे सभी देवों में सबसे दयालु हैं और अपने भक्तों से जो कहते हैं, उसे अवश्य पूरा करते हैं, चाहे कोई भी भक्त हो। मुझे आपके उपदेशों की आवश्यकता नहीं है।"

लेकिन संन्यासी ने पार्वती की बातों पर कोई ध्यान नहीं दिया और अपनी बात जारी रखते हुए बोला, "लेकिन देवी, बेचारे मन्मथ को उन्होंने जिस तरह जलाकर भस्म कर दिया, उसके बारे में आप क्या कहेंगी? निश्चित रूप से आप उसका समर्थन तो नहीं ही करेंगी।"

पार्वती ने तत्काल कहा, "मैं आपकी बातें और नहीं सुन सकती। अगर आप नहीं जाएँगे तो मैं यहाँ से चली जाऊँगी।"

जैसे ही वे जाने के लिए मुड़ीं, संपूर्ण वातावरण में दिव्य आलोक फैल गया और भगवान् शिव अपने वास्तविक स्वरूप में प्रकट हो गए।

उन्होंने कहा, "प्रिय पार्वती, मेरे कटु वचनों के लिए मुझे क्षमा करें। यह मेरी ही अज्ञानता थी कि मैं पूर्व में आपकी उपस्थिति को नहीं समझ सका, किंतु अब मैं सबकुछ स्पष्ट देख पा रहा हूँ। आप मेरी दक्षायणी हैं, मेरी प्रिय जीवन-संगिनी और हम एक-दूसरे के साथ के लिए ही बने हैं। आप मुझसे विवाह करेंगी और अनंतकाल तक मेरी जीवन-संगिनी बनेंगी।"

पार्वती मुसकराईं और सहमति में सिर हिला दिया।

यह समाचार मिलते ही पूरे ब्रह्मांड में प्रसन्नता की लहर दौड़ गई। शिव और पार्वती का विवाह बड़ी धूमधाम से संपन्न हुआ। इसे 'गिरिजा विवाह' भी कहते हैं।

कुछ समय बाद उनके एक पुत्र हुआ, जिसका नाम उन्होंने 'कार्तिकेय' रखा। बालक को 'षड्मुख' भी कहा गया, क्योंकि उसके छह चेहरे थे, जिसका अर्थ हुआ कि वह किसी भी दिशा से आनेवाली समस्या को भाँप सकता था।

कार्तिकेय को उसके जन्म का उद्देश्य ज्ञात था। बालक रहते ही उसने देवों के समर्थन से तारक का वध उसकी ही अस्त्र शक्ति का उपयोग करके किया। उसने तारक के दो भाइयों—सिंहमुखन और सुरदपद्मन का भी संहार किया। सिंहमुखन बाद में पार्वती का पर्वत बना, जबकि सुरदपद्मन का जन्म मोर के रूप में हुआ, जो कार्तिकेय का वाहन बना।

कार्तिकेय के पराक्रम की कीर्ति दूर-दूर तक फैल गई। इसके बाद देवताओं ने उसे स्वर्ग की सेना का सेनापति नियुक्त किया।

इस तरह कार्तिकेय के जन्म ने तारक के अत्याचारी शासन का अंत किया और विश्व को उसके दमनकारी शासन से मुक्ति दिलाई।

□

चाँद और उसका बढ़ता-घटता रूप

अर्ध-चंद्र की उत्पत्ति

पौराणिक कथाओं के अनुसार, चंद्रदेव का जन्म तीन बार हुआ था, इसीलिए उन्हें 'त्रिजन्मा' भी कहते हैं। पहली बार उनकी रचना ब्रह्मा ने की और दूसरी बार उनकी उत्पत्ति अत्रि मुनि की आँख से हुई। चंद्रमा का प्रकाश इतना तेज और असह्य था कि संसार की रक्षा के लिए वह क्षीर सागर में समा गए थे। बाद में देव और असुरों द्वारा अमृत के लिए समुद्र-मंथन के दौरान देवी लक्ष्मी के साथ चंद्रमा का फिर से जन्म हुआ। इसलिए चंद्रमा को 'लक्ष्मी भ्राता' भी कहा जाता है।

चंद्रमा अपनी 27 पत्नियों, जो सभी दक्ष की पुत्रियाँ थीं, में से चौथी पत्नी रोहिणी से विशेष प्रेमभाव रखते थे और अपना अधिकतर समय उसके साथ ही बिताया करते थे। इससे उनकी अन्य पत्नियाँ क्षुब्ध हो गईं। उन्होंने अपने पिता दक्ष से इसकी शिकायत की। दक्ष ने हमेशा की तरह अपना आपा खोते हुए तुरंत चंद्रमा को शाप दिया, "हर गुजरते दिन के साथ तुम्हारी शक्ति घटती चली जाए।"

अब दक्ष पुत्रियों को पश्चात्ताप हो रहा था कि उन्होंने अपने पिता से चंद्रमा की शिकायत क्यों की। वे उन्हें दंड नहीं दिलवाना चाहती थीं। वे तो उनका ध्यान अपनी ओर आकर्षित करना चाहती थीं। क्या होगा, जब किसी दिन उनके पति की शक्तियाँ घटते-घटते वे पूरी तरह अदृश्य हो जाएँ?

चंद्रमा ने दक्ष से विनय की कि वह अपना शाप वापस ले लें। लेकिन एक बार शाप देने के बाद कोई उसे वापस नहीं ले सकता। दक्ष ने कहा, "पुत्र, मुझे खेद है, अब कुछ नहीं किया जा सकता। तुम अगर शिवजी की आराधना करो तो संभवत:

वे तुम्हारी कुछ सहायता कर सकें।"

आशा की हलकी-सी किरण लिये हुए चंद्रमा पवित्र प्रभासपट्टन क्षेत्र में जा पहुँचे। वहाँ उन्होंने शिवलिंग की स्थापना की और उसकी पूजा में लीन हो गए।

चंद्रमा की आराधना से प्रसन्न होकर शिवजी प्रकट हुए और कहा, "चंद्र, मैं आपकी पीड़ा को समझता हूँ, परंतु मैं दक्ष के शाप को पलट नहीं सकता, किंतु कुछ हद तक उसका असर कम कर सकता हूँ। आज से शुक्ल पक्ष[4] के पंद्रह दिन तक आपका प्रकाश लगातार बढ़ता जाएगा और पूर्णिमा के दिन संपूर्ण विश्व आपके प्रकाश से जगमगा उठेगा। किंतु उसके बाद कृष्ण पक्ष[5] के पंद्रह दिन लगातार आपका प्रकाश घटता जाएगा और अमावस्या को आप बिल्कुल नहीं दिखाई दोगे।"

रोज घटने-बढ़ने की बात सुनकर चंद्रमा उदास हो गया। उनका अर्ध-चंद्राकार रूप हमेशा उनको मिले शाप और उनकी घटती शक्ति की याद दिलाता रहेगा। भगवान् शिव ने उन्हें सांत्वना देते हुए कहा, "प्रिय पुत्र, अर्ध-चंद्राकार स्वरूप याद दिलाता रहेगा कि तुम में अभी भी कुछ शक्ति है। तुम्हारे अर्ध-चंद्राकार स्वरूप को मैं अपने ललाट पर धारण करूँगा और अपने भक्तजनों को यह समझाऊँगा कि अपने प्रतिकूल समय में भी वे मुझे प्यारे हैं और इस तरह तुम सदैव मेरे साथ बने रहोगे।"

इस तरह शिव 'चंद्रशेखर' (जो अपने ललाट पर चंद्र धारण करता है) कहलाए। चंद्रमा का नाम 'सोम' भी पड़ा और सप्ताह का एक दिन सोमवार उनको समर्पित किया गया।

चंद्रमा ने जहाँ शिवलिंग की स्थापना कर शिव की पूजा की थी, वह स्थान पवित्र तीर्थस्थल गुजरात के 'सोमनाथ' के रूप में प्रसिद्ध हुआ। इस तीर्थस्थल पर लोगों ने उदारता से दान दिए। यहाँ के वैभव को देखते हुए कालांतर में यहाँ 17 बार विदेशी आक्रमण हुए। इसे देश का पहला ज्योतिर्लिंग[6] माना गया।

चंद्रमा के परिक्रमा-पथ के आस-पास के तारों का समूह उसकी 27 पत्नियाँ हैं और उन्हें तारे या नक्षत्र कहा जाता है। इन नक्षत्रों के नाम—रोहिणी, कृतिका और अश्विनी आदि हैं, जो हिंदू पंचांग में काफी महत्त्वपूर्ण स्थान रखते हैं।

---

4. अमावस्या और पूर्णिमा के बीच के पंद्रह दिनों को 'शुक्ल पक्ष' कहते हैं।
5. पूर्णिमा और अमावस्या के बीच के पंद्रह दिनों को 'कृष्ण पक्ष' कहते हैं।
6. ज्योतिर्लिंग शिव का प्रतीक है। ऐसा माना जाता है कि उससे प्रकाश-पुंज बिखरता है।

बिल्व की उत्पत्ति

पार्वती की उदारता और पर्वतराज की पुत्री होने के कारण मंदर पर्वत उनका अनन्य भक्त था। पार्वती अपने पति शिव के साथ कैलास पर्वत पर रहती थीं, किंतु मंदर चाहता था कि पार्वती उसके पास आएँ।

एक दिन शिव और पार्वती ने घंटों नृत्य किया। अंततः वे थक गए। पार्वती विश्राम करना चाहती थीं। वे हाथ से अपने माथे का पसीना पोंछ रही थीं। तभी पसीने की कुछ बूँदें मंदर पर्वत पर जा गिरीं और वहाँ एक पौधा उग आया। कुछ महीनों में ही वह एक विशालकाय वृक्ष बन गया। किसी ने भी इससे पहले वैसा पेड़ नहीं देखा था। उसकी प्रत्येक टहनी में तीन-तीन पत्तियाँ थीं और उसमें फल भी लगे हुए थे।

मंदर कुछ टहनियाँ पार्वती के पास लेकर गया और जब उनसे भेंट हुई तो कहा, "इस वृक्ष की उत्पत्ति आपके पसीने की बूँदों से हुई है। इनका मैं क्या करूँ ?"

पार्वती ने टहनियों और पत्तियों को ध्यान से देखते हुए कहा, "कितना सुंदर वृक्ष है!" उन्होंने कहा, "तीन पत्तियाँ शिव के तीन नेत्रों और प्राणिमात्र के जीवन के तीन चरणों—जन्म, जीवनयात्रा और मृत्यु को दरशाती हैं। ये आकाश, पाताल और धरती की भी प्रतीक हैं। इस तरह यह संख्या शुभ है।"

उन्होंने मंदर को प्रसन्नतापूर्वक देखते हुए कहा, "तुम्हारे विश्वास और श्रद्धा से मैं प्रसन्न हुई हूँ। उस वृक्ष को 'बिल्व वृक्ष' और उसकी पत्तियों को 'बिल्व पत्र' कहा जाएगा। लोग इन पत्तियों से शिव की पूजा करेंगे और चूँकि हम दोनों अलग नहीं हैं, अतः इन पत्तियों से शिव की पूजा का अर्थ होगा—मेरी भी पूजा। आपके पर्वत पर हमेशा बिल्व वृक्ष होंगे।"

मंदर अपनी ख़ुशी नहीं छुपा सका और देवी पार्वती के आगे दंडवत् हो गया। उसकी प्रार्थना सुन ली गई थी।

यही कारण है कि आज भी बिल्व या बेलपत्र से शिव की पूजा की जाती है।

□

गणेश की कथा

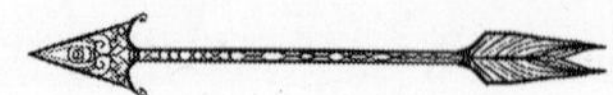

ज्ञान के देवता

एक दिन देवी पार्वती ने कैलास पर्वत से भगवान् शिव के सभी भक्तों को देखा। उन्होंने कहा, "भगवन्, ये सभी आपके भक्त हैं। ये केवल आपकी बात सुनते हैं, मेरी नहीं।"

शिव ने कहा, "यह सही नहीं है, पार्वती।"

देवी पार्वती ने कुछ नहीं कहा, किंतु उन्हें पूरा विश्वास था कि वे ठीक ही कह रही हैं।

कुछ दिनों बाद पार्वती ने शिव के नंदी को बुलाया और कहा, "नंदी, मैं स्नान करने जा रही हूँ। तुम द्वार पर पहरा देना और जब तक मैं स्नान करके तैयार नहीं हो जाऊँ, तब तक ध्यान रखना कि कोई अंदर नहीं आने पाए।"

जब शिव घर आए तो उन्होंने देखा कि नंदी द्वार पर पहरा दे रहा है। उन्होंने पूछा, "पार्वती कहाँ हैं?"

"वे स्नान कर रही हैं।" नंदी ने कहा।

शिवजी ने अपना सिर हिलाया और अंदर जाने का प्रयास किया, किंतु नंदी ने उन्हें रोक दिया और कहा, "हे स्वामी! देवी ने मुझे आदेश दिया है कि जब तक वे तैयार नहीं हो जातीं, तब तक किसी को अंदर नहीं आने दिया जाए।"

"हो सकता है कि उन्होंने तुम्हें आदेश दिया हो, नंदी; पर यह मेरा घर है और मैं तुम्हारा स्वामी तथा उनका पति हूँ। मैं जब चाहूँ, तब अंदर जा सकता हूँ और बाहर भी आ सकता हूँ।"

नंदी शिव की बात मान गया और उन्हें अंदर जाने दिया।

पार्वती ने जब शिव को घर में देखा तो उन्होंने समझ लिया कि नंदी उनकी बजाय अपने स्वामी के प्रति अधिक स्वामिभक्त है। वे दुःखी हो गईं, क्योंकि वे भी ऐसा सेवक चाहती थीं, जो उनके प्रति पूरी तरह वफादार रहे और बिना कोई प्रश्न किए उनके सारे निर्देशों का पालन करे।

अगली बार जब पार्वती स्नान करने जा रही थीं, तब द्वार पर पहरा देने के लिए किसी और पर भरोसा करने के बजाय उन्होंने बिल्कुल ही एक नए व्यक्ति का निर्माण करने की बात सोची। उन्होंने मिट्टी से एक बालक की मूर्ति बनाई और उसमें प्राण फूँक दिए। उन्होंने उसका नाम 'गणेश' रखा।

जीवन मिलते ही गणेश ने झुककर प्रणाम किया और कहा, "माते, मैं यहाँ आपकी सेवा के लिए हूँ। बताइए, मैं आपके लिए क्या कर सकता हूँ?"

पार्वती ने कहा, "पुत्र, मैं स्नान करने जा रही हूँ। जब तक मैं स्नान करके तैयार न हो जाऊँ, तब तक किसी को अंदर मत आने देना।"

कुछ समय बाद शिवजी घर लौटे। अपने घर के द्वार पर एक बालक को पहरा देते देख उन्हें आश्चर्य हुआ।

शिव ने पूछा, "बालक, तुम कौन हो? तुम्हारे माता-पिता कौन हैं और तुम यहाँ क्या कर रहे हो?"

बालक ने निर्भीक स्वर में कहा, "मेरा नाम गणेश है और मैं पार्वती का पुत्र हूँ।"

शिव को विश्वास नहीं हुआ। उन्होंने कहा, "हटो, मुझे अंदर जाने दो।"

"नहीं, मैं आपको अंदर नहीं जाने दे सकता। मुझे अपनी माता के आदेश का पालन करना है। जब तक वे तैयार नहीं हो जातीं, कृपया यहीं बाहर मेरे साथ प्रतीक्षा कीजिए।"

"प्रिय बालक, तुम्हें नहीं पता कि मैं कौन हूँ। मैं शिव हूँ और यह मेरा घर है। तुम मुझे मेरे घर के अंदर जाने से नहीं रोक सकते।"

लेकिन गणेश नहीं माना। उसने दोहराया, "किंतु फिर भी, मैं आपको तब तक अंदर नहीं जाने दूँगा, जब तक कि मेरी माता स्वयं मुझसे ऐसा करने को नहीं कहतीं।"

गणेश के उत्तर से शिव खीज गए। उन्होंने बार-बार गणेश को समझाने का प्रयास किया, किंतु वह टस-से-मस न हुआ। इस पर शिव क्रोधित हो उठे और

अपने त्रिशूल से गणेश का सिर धड़ से अलग कर दिया और एक झटके से वह सिर हिमालय से बाहर चला गया।

आवाज सुनकर पार्वती बाहर आईं, किंतु तब तक बहुत देर हो चुकी थी। उनके पुत्र का सिर-विहीन शव बर्फीली भूमि पर पड़ा हुआ था। पार्वती क्रोध और निराशा में चीख उठीं, "यह मेरा पुत्र है, मेरा प्यारा बच्चा! किसने इसके साथ ऐसा करने का दुस्साहस किया?"

अब तक शिव अपनी गलती समझ चुके थे। वे अपने कृत्य के लिए ग्लानि से भर उठे। उन्होंने पार्वती को सांत्वना देने की कोशिश की और कहा, "मैंने बहुत बड़ी गलती की है। मुझे नहीं पता था कि तुमने उसका सृजन किया है। मुझे लगा कि वह झूठ बोल रहा है कि वह तुम्हारा पुत्र है। कृपया मुझे क्षमा कर दें। मैं उसे जीवित करने का हरसंभव प्रयास करूँगा।"

अश्रुपूरित नेत्रों से पार्वती ने गणेश को देखा और चुपचाप सिर हिला दिया।

इस पर शिव ने नंदी को आदेश दिया कि वह उत्तर दिशा में जाए और बालक का सिर ढूँढ़ लाए।

नंदी ने हर ओर सिर को ढूँढ़ा, किंतु वह कहीं नहीं मिला। वह खाली हाथ लौट आया और शिव से कहा, "स्वामी, सिर कहीं नहीं मिला। अब मैं क्या करूँ?"

शिव ने कहा, "फिर से प्रयास करो। अथवा कोई ऐसा मिले, जो उत्तर दिशा में सिर करके सो रहा हो तो उसका सिर काटकर मेरे पास ले आओ।"

नंदी अपने स्वामी के आदेश का पालन करने चल पड़ा। खोजते-खोजते उसे एक हाथी दिखाई पड़ा, जो उत्तर दिशा में सिर करके सो रहा था। नंदी ने तुरंत उसका सिर काट लिया और उसे शिव के पास ले आया।

शिव प्रसन्न हो गए। उन्होंने गणेश के सिर पर हाथी का सिर लगाकर उसे जीवित कर दिया। उन्होंने उसे अपने पुत्र के रूप में स्वीकार किया। इस तरह गणेश और कार्तिकेय भाई बन गए।[7]

गणेश अब अपने माता-पिता, दोनों के प्रति समर्पित थे। एक दिन शिव और पार्वती ने अपने दोनों पुत्रों को बुलाया और कहा, "चलो, एक सद्भावनापूर्ण प्रतिस्पर्धा का आयोजन करते हैं। जो पहले संसार की परिक्रमा पूरी कर लेगा, हम उसे ज्ञान का फल प्रदान करेंगे।"

---

7. हर साल भाद्रपद महीने के चौथे दिन गणेश का जन्मदिन 'गणेश चतुर्थी' के रूप में मनाया जाता है।

कार्तिकेय अपने वाहन मयूर पर बैठकर तुरंत पृथ्वी की परिक्रमा करने निकल पड़े। दूसरी ओर गणेश ने कोई शीघ्रता नहीं दिखाई। वह उठे और अपने माता-पिता की परिक्रमा करने के बाद उन्हें प्रणाम किया।

पार्वती ने प्यार से कहा, "प्यारे पुत्र, तुम क्या कर रहे हो? तुम्हारे भ्राता अब तक आधे विश्व की परिक्रमा कर चुके होंगे। तुम निश्चित रूप से इस प्रतिस्पर्धा में पराजित होओगे।"

गणेश ने अपने माता-पिता को देखकर इतनी मोहक मुसकान दी कि पार्वती का प्यार उमड़ पड़ा। गणेश ने कहा, "कोई बात नहीं माता, आप दोनों ही मेरे लिए संपूर्ण विश्व हैं और मैं आपकी परिक्रमा कर चुका हूँ। मेरी यात्रा पूर्ण हो चुकी है।"

शिव और पार्वती मुसकराए, उन्होंने ज्ञान का फल गणेश को दे दिया।

शिव ने कहा, "गणेश, तुम बहुत बुद्धिमान बालक हो। मेरा आशीर्वाद हमेशा तुम्हारे साथ रहेगा। तुम अब से ज्ञान के देवता कहलाओगे।"

पराक्रमी चूहा

देवराज इंद्र के दरबार में क्रौंच नामक संगीतज्ञ थे। एक दिन उन्हें अपने किसी संगीत कार्यक्रम में पहुँचने की जल्दी थी। वे तेज-तेज चल रहे थे। शीघ्रता में उनका पैर गलती से एक बूढ़े मुनि के पैर पर पड़ गया। मुनि का नाम वामदेव था। उनके पैर पर पैर पड़ते ही वह क्रोध और पीड़ा से तड़प उठे। उन्होंने क्रौंच को श्राप दे दिया—"ऐसा चूहा बन जा, जो तेजी से इधर-से-उधर दौड़ता रहता है।"

बेचारे क्रौंच तुरंत पहाड़ी चूहा बन गए।

चूहा बनकर उन्होंने लोगों को परेशान करना शुरू कर दिया। प्राय: किसानों के घर में घुस जाता और उनके भंडारों में रखा अनाज कुतर डालता, आश्रमों में घुसकर उनका भोजन नष्ट कर देता था। जब लोग बहुत परेशान हो गए तो उन्होंने गणेशजी से सहायता माँगी।

गणेशजी ने उनकी बात सुनी और चूहे को पकड़ने के लिए अपना जाल फेंका, किंतु क्रौंच किसी तरह दौड़कर भाग निकला।

गणेश ने कहा, "मैं जानता हूँ कि तुम बहुत पराक्रमी हो और अपने आकार व लचीलेपन के कारण जहाँ चाहे पहुँच सकते हो; किंतु मैं तुम्हें अपने इस जाल में फँसाकर ही मानूँगा, ताकि तुम लोगों को और परेशान न कर सको।"

इस बार गणेश ने जाल ध्यान से फेंका और चूहा उसमें फँस गया। जाल कस दिया गया और क्रौंच नहीं भाग सका।

क्रौंच ने गणेशजी से विनती की, "भगवन्, मुझे अपना अपराध समझ आ गया है और मैं अब किसी को कष्ट नहीं दूँगा। कृपया मुझे अपनी सवारी बना लें, ताकि जब भी आपकी पूजा हो तो मेरी भी पूजा हो जाए।"

बड़े पेटवाले गणेश ने हँसते हुए पूछा, "क्या तुम मेरा भार सँभाल पाओगे?"

"यह कोई समस्या नहीं है। मैं अपना आकार आपके अनुरूप समायोजित कर लूँगा।"

गणेशजी चूहे को अपनी सवारी बनाने को सहमत हो गए।

इस तरह क्रौंच चूहा गणेश की सवारी बन गया। वह उन्हें तेजी से उनके गंतव्य तक पहुँचा देता। इस तरह गणेश के भक्तों को भी अपने कष्टों से मुक्ति मिल गई।

दूर्वा

एक राक्षस था, जिसके मुँह से आग निकलती थी। उसका नाम था अनलासुर। वह जब भी चलता था, आग उगलता हुआ चलता था। अनलासुर ने अपनी इस ताकत का उपयोग लोगों को डराने और तबाही मचाने में करना शुरू कर दिया। जब उसके अत्याचार बहुत बढ़ गए और उसे नियंत्रित करना कठिन हो गया, तब लोगों ने सहायता के लिए गणेशजी से गुहार लगाई।

गणेशजी ने कहा, "चिंता मत कीजिए। मैं उसे देखता हूँ।"

जब अनलासुर ने गणेशजी को देखा तो उन्हें निगल जाने का प्रयास किया, किंतु गणेश ने अपना आकार बढ़ा लिया और बढ़ाते चले गए। उन्होंने अपना आकार इतना बढ़ा लिया कि वे उस राक्षस को निगल सकें। यह देखकर वह राक्षस तुरंत गणेश के मुँह में चला गया और उनके पेट में पहुँच गया। सबने राक्षस के मरने का उत्सव मनाया।

किंतु जल्दी ही गणेश के पेट में तीव्र पीड़ा शुरू हो गई। अनलासुर गणेशजी के पेट में आग उगलकर पीड़ा पहुँचा रहा था।

अपने पुत्र की पीड़ा देखकर शिव ने एक साँप गणेश के पेट पर छोड़ा। उस सर्प में शीतलता प्रदान करने की विशेष क्षमता थी; किंतु इससे कोई लाभ नहीं हुआ और पीड़ा उसी तरह बना रही।

इसके बाद भगवान विष्णु प्रकट हुए। उन्होंने गणेश के पेट पर कमल का फूल

रखा, किंतु उसका भी कोई असर नहीं पड़ा।

तब गंगा आईं और वे गणेश के शरीर पर से शीतल जल प्रवाहित करने लगीं। ब्रह्मा ने अपने अमरत्व का मधुपान कराया। पवन देवता ने गणेश के पेट पर से ठंडी-ठंडी बयार बहानी शुरू कर दी। अब हिमालय के राजा की बारी थी। उन्होंने अपना हिमयुक्त हाथ गणेश के पेट पर रखा, किंतु कोई उपाय काम न आया। सब चकराए हुए थे।

गणेश की सहायता के लिए दूर-दूर से ऋषि-मुनि भी पहुँचे। अपने समस्त ज्ञान और विद्वत्ता का प्रयोग कर उन्होंने इस पर गहन विचार-विमर्श किया और अंत में एक उपाय खोज निकाला।

वे ऋषि-मुनि हिमालय पहुँचे और दूर्वा या दूब (एक तरह की घास) के 21 सिरे लेकर लौटे। उन्होंने गणेशजी से उसे खाने को कहा। गणेश पीड़ा से छुटकारा पाने के लिए कोई भी उपाय करने को तैयार थे। उन्होंने दूर्वा के सभी 21 सिरे खा लिये, जिससे अनलासुर की मृत्यु हो गई और गणेश को असह्य उदर पीड़ा से मुक्ति मिली।

उस दिन से गणेशजी दूर्वा (घास) पसंद करने लगे और लोग उनकी पूजा में इसका उपयोग करने लगे।

□

तीन नगरों की कहानी

दुष्ट राक्षस तारक, जिसने पूरी दुनिया में अपना आतंक मचा रखा था, के तीन पुत्र थे—तारकाक्ष, वीरयावन और विद्युन्माली। वे अपने पिता की मृत्यु से अत्यधिक क्रोधित थे। उन्होंने ब्रह्माजी को प्रसन्न करने के लिए वर्षों तक तपस्या की, ताकि वे अमरत्व प्राप्त कर सकें।

अंततः ब्रह्मा प्रकट हुए, किंतु उन्हें वह वरदान देने से मना कर दिया, जो वे चाहते थे।

तब तीनों भाइयों ने एक अन्य वरदान माँगा।

"हे ब्रह्माजी! अगर आप अमर रहने का वरदान नहीं दे सकते तो हमें वरदान दें कि हम तीन अभेद्य और अद्भुत नगरों का निर्माण कर सकें। प्रत्येक नगर का दुर्ग अलग-अलग क्षेत्र में हो और प्रत्येक एक हजार वर्ष बाद वे एक सीध में आ जाएँ। उन दुर्गों के एक सीध में आने के दौरान जब कोई एक तीर उन तीनों दुर्गों को भेद सकेगा, तभी हम मृत्यु का वरण करेंगे।"

ब्रह्माजी ने मुसकराकर कहा, "तथास्तु!"

राक्षसों के वास्तुकार माया की सहायता से तारक के तीनों पुत्रों ने तीन अलग-अलग दुर्ग बनवाए। तीनों दुर्ग अलग-अलग धातुओं के बने थे—सोने, चाँदी और लोहे के।

तारकाक्ष ने स्वर्ग में बना सोने का दुर्ग लिया। वीरयावन ने आकाश में बना चाँदी का दुर्ग और विद्युन्माली ने धरती पर बना लोहे का दुर्ग लिया। तीनों नगरों को मिलाकर कहा गया 'त्रिपुर' और तीनों राक्षस 'त्रिपुरासुर' कहलाए।

इन नगरों के बनकर तैयार होते ही तीनों राक्षस भाई काफी शक्तिशाली बन गए

और शक्ति मिलते ही वे अहंकारी हो गए। प्रजा पर उनका अत्याचार बढ़ने लगा। जब उनका दमन-चक्र अत्यधिक बढ़ गया, तब लोगों ने देवताओं से सहायता माँगी और उन राक्षसों के अत्याचारों से मुक्ति दिलाने की गुहार लगाई।

लोगों की प्रार्थना सुनकर शिवजी ने इस मामले में कदम उठाने का निर्णय किया। उन्हें पता था कि तीनों दुर्गों के एक सीध में आने का समय निकट है और उन्हें मात्र एक ऐसे तीर की आवश्यकता है, जो उन दुर्गों को एक साथ भेद सके। उन्होंने स्वर्ग के वास्तुकार विश्वकर्मा को बुलवा भेजा। उन्हें सारी समस्या बताते हुए शिवजी ने उनसे पूछा, "क्या आप मेरे लिए एक विशेष रथ और एक शक्तिशाली तीर-धनुष बना सकते हैं?"

विश्वकर्मा तुरंत सहमत हो गए। उन्होंने सोने का रथ तैयार किया, जिसमें सूर्य ने ऊर्जा प्रदान की। इसके अलावा दो धनुष—पिनाक और सारंग बनाए तथा इसके साथ ही एक ऐसा तीर बनाया, जो किसी भी लक्ष्य को भेद सकता हो। विश्वकर्मा ने रथ, पिनाक और तीर शिव को दिए; जबकि सारंग धनुष विष्णु को प्रदान किया। शस्त्रों से युक्त शिव ने ब्रह्मा से सारथि बनने का अनुरोध किया। वे त्रिपुर की ओर रवाना हुए। नगरों के एक सीधे में आने का समय निकट ही था।

नगरों के एक सीध में आते ही शिवजी ने अपने दुर्जेय तीर से आसानी से उन्हें नष्ट कर दिया और दुर्गों में रहनेवाले तीनों राक्षसों को अपना निशाना बना लिया।

शिव के इस महान् कार्य के लिए विश्व ने उनका आभार व्यक्त किया। इसके बाद शिव 'पिनाकी' कहलाए, जबकि विष्णु का नाम 'सारंगदेव' पड़ा।

असुरों की हार पर खुशी मनाते हुए लोगों ने दीयों से अपने घर सजाए। यह परंपरा अब भी जारी है। कार्तिक माह में दीवाली के दिन दीये जलाए जाते हैं।

बाद में शिवजी ने अपना धनुष पिनाक अपने एक अनन्य भक्त 'निमि' को देने का निर्णय किया। राजा निमि ने बड़ी श्रद्धा के साथ उस धनुष को अपने पास रखा और उसका नाम शिव धनुष या शिव का धनुष रखा। कई पीढ़ियाँ बीत गईं और फिर राजा जनक ने इस कुल में जन्म लिया। अपनी तरह के उस अनोखे धनुष से राजा जनक बहुत प्रभावित हुए और घोषणा कर दी कि उनकी सुंदर पुत्री सीता का विवाह उसी राजकुमार से होगा, जो शिव धनुष को उठा सकेगा। वह राजकुमार और कोई नहीं, बल्कि भगवान् श्रीराम ही हुए।

---

8. इस युद्ध को चित्रित करती मूर्ति तेलंगाना के रमप्पा मंदिर में देखी जा सकती है, जबकि इसका भित्ति चित्र हंपी में विरुपाक्ष मंदिर की छत पर चित्रित है।

गजासुर

असुर राज महिषासुर के एक पुत्र था, जिसका नाम था—गजासुर। उसमें सैकड़ों हाथियों के समान बल था और वह तीर चलाने के लिए अपने अस्त्र 'गजास्त्र' का प्रयोग करता था, जिससे चलाए हुए तीर युद्धक्षेत्र में हाथियों में बदल जाते थे। गजासुर का वध ऐसा कोई भी व्यक्ति नहीं कर सकता था, जिसके हृदय में किसी तरह की इच्छा-आकांक्षा हो।

जब उसके पिता पार्वती के हाथों मारे गए तो गजासुर ने सभी देवी-देवताओं से बदला लेने की ठानी। भयभीत देवी-देवताओं ने शिवजी के पास पहुँचकर सहायता माँगी। शिव, जिनके मन में कोई इच्छा-आकांक्षा नहीं थी, ने उन्हें सांत्वना दी और कहा, "वत्स, भयभीत न होओ। मैं उसे परास्त करूँगा।"

शिव और देवलोक की सेना के सेनापति कार्तिकेय ने युद्ध की तैयारी आरंभ कर दी। जब गजासुर को इसके बारे में पता चला तो उसने अपने सलाहकारों से शिव को परास्त करने और स्वयं को सुरक्षित रखने के संबंध में मंत्रणा शुरू कर दी।

अंततः उसे समझ आया कि अगर युद्ध से पूर्व उसने गणेशजी की आराधना की तो वे उसकी सहायता करने को बाध्य होंगे। इस तरह गजासुर ने पूरी श्रद्धा के साथ गणेशजी की पूजा शुरू कर दी और उनसे विजयी होने का वरदान माँगा।

गणेशजी उसके समक्ष प्रकट हुए और कहा, "मेरे पिता ने तुम्हें परास्त करने का निर्णय किया है और कोई भी तुम्हारी मृत्यु को नहीं टाल सकता। मैं मात्र एक प्रकार से तुम्हारी सहायता कर सकता हूँ। जिस क्षण उनके तीर तुम्हारे शरीर को स्पर्श करेंगे, उसी क्षण तुम्हारी संपूर्ण अज्ञानता समाप्त हो जाएगी और तुम्हें दैवी ज्ञान की प्राप्ति होगी। मैं तुम्हारा पतन नहीं रोक सकता गजासुर, किंतु मैं तुम्हें यह वरदान दे सकता हूँ। और ज्ञान के देवता तुम्हें यह आश्वस्त कर सकते हैं कि तुम भगवान् पर विश्वास करो और शांतिपूर्वक मृत्यु का वरण कर सको।"

गजासुर और शिव के बीच युद्ध प्रारंभ हुआ। वह भयानक युद्ध था और गजासुर अपने सभी तरह के अस्त्रों का प्रयोग करने को बाध्य हुआ। जब उसने जलास्त्र वरुण का उपयोग किया तो शिव के माथे पर विभूषित गंगा नदी शिव के चरणों को पखारने लगीं। जब गजासुर ने अग्नि अस्त्र का इस्तेमाल किया तो गंगा ने आग की लपटें बुझा दीं। यहाँ तक कि शूल अस्त्र कुल्हाड़ी को शिव के त्रिशूल ने भस्म कर दिया और त्रिशूल सुरक्षित रहा। वायु ने राख को चारों ओर छितरा दिया। अंतिम अस्त्र के रूप में गजासुर ने गजास्त्र का प्रयोग किया। उस अस्त्र का

प्रयोग करते ही सहस्रों हाथी युद्धक्षेत्र में फैल गए; किंतु जैसे ही उन्होंने गणेशजी को शिवजी के साथ देखा, उन्होंने सिर झुकाकर आत्मसमर्पण कर दिया।

शिव ने तय किया कि अब युद्ध समाप्त कर दिया जाए। उन्होंने वरुणास्त्र का प्रयोग किया और वह गजासुर के शरीर को भेदता हुआ निकल गया। गजासुर ने आँखें बंद कर लीं। किंतु जब उसने आँखें खोलीं तो शिव उसे वास्तविक स्वरूप में दिखे—अपने शत्रु के रूप में नहीं बल्कि अपने सच्चे और एकमात्र ईश्वर के रूप में दिखाई पड़े। उसने उनका सुंदर शरीर देखा, माथे पर शोभित अर्धचंद्र और केशों में धारण की हुई गंगा दिखाई पड़ीं। गजासुर ने शिव के गले में पड़ा रुद्राक्ष देखा, उनके ललाट पर विराजित तीसरा नेत्र, एक हाथ में त्रिशूल और दूसरे में डमरू दिखाई पड़ा। उसने शिव की बगल में पार्वती को खड़े देखा, जो उसे देखकर मुसकरा रही थीं। गजासुर को अब समझ आया कि उसने बहुत बड़ी गलती की है; किंतु वह प्रसन्न था कि मरने से पहले वह ईश्वर को इतने साफ ढंग से देख पा रहा था। वह समझ गया कि उसका अंत निकट है और उसने 'ॐ नमः शिवाय' मंत्र का जाप आरंभ कर दिया।

शिवजी उसके पास आए और कहा, "गजासुर, मेरे पास तुम्हारा वध करने के अलावा कोई मार्ग नहीं था। क्या तुम्हारी कोई अंतिम इच्छा है?"

"अब मुझे समझ आ रहा है कि सच क्या है, इसलिए मैं प्रसन्न हूँ कि मेरी मृत्यु आपके हाथों हो रही है। मैं हाथी के रूप में मरना चाहता हूँ और आपसे विनती करता हूँ कि आप हाथी की खाल अपने शरीर पर धारण करें, ताकि मैं हमेशा आपके पास रहूँ।"

शिवजी मुसकराए और उसकी बात मान गए। यही वजह है कि शिव कभी-कभी हाथी की खाल भी धारण करते हैं।

गजासुर के साथ वह भयानक युद्ध,
जब गंगा ने शिव के माथे से उतरकर उनके पाँव पखारे थे,
काशी में हुआ। इस तरह काशी नगरी प्रसिद्ध हो गई
एवं शिव का नाम 'विश्वनाथ' एवं 'गंगाधर' भी पड़ा।

बाघों को सीख

दुंदुभी और सौहादर्य दो शक्तिशाली राक्षस हिरण्याक्ष और हिरण्यकशिपु के चचेरे भाई थे। वे कभी भी अपना रूप और आकार बदल सकते थे। वे जब चाहें, तब किसी भी पशु का रूप धारण कर सकते थे।

जब हिरण्याक्ष और हिरण्यकशिपु ने लोगों पर अत्याचार की सभी सीमाएँ पार कर दीं, तब विष्णु के अवतारों ने उनका वध कर दिया। इस पर दुंदुभी और सौहादर्य ने देवों के भक्तों से इसका बदला लेने की ठानी। उन्होंने काफी सोच-विचार कर ऐसा उपाय करने का निर्णय किया कि कोई यज्ञ या धार्मिक अनुष्ठान नहीं होने पाए। इसके लिए उन्होंने उन पंडितों और विद्वानों को मारना शुरू कर दिया, जो यज्ञ करवाते थे।

दोनों भाइयों ने तबाही शुरू कर दी और पुजारियों को मारना शुरू कर दिया। तब लोगों ने शिव की शरण ली। शिवरात्रि आने वाली थी। दुंदुभी और सौहादर्य को पता था कि इस समय हजारों भक्त काशी के विश्वनाथ मंदिर में एकत्र होंगे और शिवलिंग की पूजा करेंगे। ऐसे में अनेक भक्तों को एक साथ मारकर देवताओं को विचलित किया जा सकता था।

शिवरात्रि के दिन दोनों राक्षस अपनी विशाल सेना लेकर वहाँ पहुँचे, जहाँ शिवरात्रि की पूजा चल रही थी। बाघ का रूप धारण करने की अपनी शक्ति का उपयोग कर वे बाघ बन गए और भक्तों पर झपट पड़े। डर के मारे लोग चीखने लगे और इधर-उधर भागने लगे। शिव, जो इस पूरे घटनाक्रम को देख रहे थे, शिवलिंग से प्रकट हुए और दोनों राक्षसों तथा उनकी सेना का तुरंत संहार कर दिया।

शिव अपने भक्तों को यह आश्वस्त करना चाहते थे कि जब भी उन पर कोई अत्याचार होगा, वे उनकी रक्षा अवश्य करेंगे। उन्होंने तय किया कि जहाँ भी संभव होगा, वे बाघ की खाल का उपयोग करेंगे, ताकि दुंदुभी और सौहादर्य के वध को कभी न भुलाया जाए। यही वजह है कि शिव प्राय: बाघ की खाल पर बैठे, दिखाई पड़ते हैं।

ऐसा माना जाता है कि किसी समय कुछ शिवलिंगों से दिव्य ज्योति निकलती थी, क्योंकि उन शिवलिंगों से निकलकर शिव ने अपने भक्तों की रक्षा की थी। उन शिवलिंगों को 'ज्योतिर्लिंग' कहा गया और वे अति पवित्र माने जाते हैं। भारत में बारह ज्योतिर्लिंग हैं और कहते हैं कि जो व्यक्ति इन सभी ज्योतिर्लिंगों के दर्शन कर ले, उसे बहुत पुण्य मिलता है।

□

अर्धनारीश्वर

भृंगी मुनि शिव के अनन्य भक्त थे। वे नीलकंठ को छोड़कर किसी अन्य देवता की पूजा नहीं करते थे; जबकि शिव चाहते थे कि मुनि उनके साथ ही पार्वती की भी पूजा करें, क्योंकि वह उनका अभिन्न हिस्सा थीं, लेकिन भृंगी उनकी बात नहीं सुनते थे।

शिवजी ने अपना प्रयास जारी रखा। एक दिन उन्होंने भृंगी मुनि से कहा, "प्रिय भक्त, मैं चाहता हूँ कि तुम तीन बार मेरी परिक्रमा करो। इससे तुम्हारा भाग्योदय होगा।"

भृंगी ने एक मधुमक्खी का रूप धारण किया और एक बार उनकी परिक्रमा कर ली।

शिव को पता था कि भृंगी ने मधुमक्खी का रूप धारण कर लिया है, इसलिए उन्होंने पार्वती से उनकी गोदी में बैठ जाने को कहा। इससे मुनि पार्वती की भी परिक्रमा कर लेंगे और इस तरह उनकी भी पूजा हो जाएगी। लेकिन आश्चर्य! भृंगी ने किसी तरह दोनों के बीच की मामूली सी जगह से गुजरकर परिक्रमा कर ली और दूसरी बार भी उन्होंने केवल शिव की ही परिक्रमा की। यह देखकर शिव ने एक और कोशिश की और अपने आधे शरीर को लंबवत् पार्वती के आधे शरीर से जोड़ लिया। भृंगी समझ गए कि भगवान् शिव ने क्या किया है और वह शिव के आधे शरीर की परिक्रमा करने के बाद उनकी नाभि से बाहर आ गए।

अब तक पार्वती पूरी तरह क्षुब्ध हो चुकी थीं। वे चीखीं, "मूर्ख भृंगी, क्या

तुम्हें समझ नहीं आता? मैं और शिवजी इस संसार के माता-पिता के समान हैं। हमारा अलग-अलग की बजाय एक-दूसरे के साथ महत्त्व कहीं अधिक है। हमारी संतानों के लिए क्या यह महत्त्वपूर्ण नहीं है कि उन्हें माता-पिता दोनों मिलें? एक बच्चा अपना स्नायु-तंत्र और अस्थि-पंजर अपने पिता से पाता है, जबकि रक्त और मांसपेशियाँ उसे माता से मिलती हैं। शिवजी को और मुझे अलग-अलग नहीं किया जा सकता। अकेले शिव की या केवल मेरी पूजा हमेशा अधूरी पूजा होगी। तुमने माता के महत्त्व को कमतर किया है, इसलिए अब से तुम्हारे पास केवल स्नायु-तंत्र और अस्थि-पंजर होगा, तुम्हारे शरीर में रक्त और मांसपेशियाँ नहीं रहेंगी। तुम्हारा मुख इतना वीभत्स और डरावना हो जाएगा कि लोग सदैव याद रखेंगे कि कैसे तुमने माता और पिता में से एक को चुना।"

मुनि को अपनी गलती का एहसास हुआ, उन्होंने क्षमा-याचना की।

कुछ समय बाद पार्वती ने उन्हें क्षमा कर दिया और भृंगी नंदी के साथ शिव के आवास पर प्रहरी के रूप में नियुक्त हो गए।

इस घटना के बाद शिव की पूजा अर्धनारीश्वर, जिसका आधा शरीर पुरुष का और आधा नारी का हो, के रूप में भी होने लगी। भारत के अनेक स्थानों पर अर्धनारीश्वर की मूर्तियाँ देखने को मिलती हैं। कर्नाटक स्थित बदामी गुफा की दो नंबर गुफा में इस आकार के चित्र विशेष तौर पर दिखाई पड़ते हैं।

□

लोक कथाएँ

जीवन का उपहार

मुनि मृकंडु और उनकी पत्नी मरुतवती भगवान् शिव के अनन्य भक्त थे। एक दिन उन्होंने शिवजी की आराधना शुरू की और जब तक वे प्रकट नहीं हुए, तब तक अपनी पूजा जारी रखी।

शिव ने उनसे पूछा, "वत्स, तुम क्या चाहते हो?"

दोनों ने एक स्वर में कहा, "प्रभु, हम एक संतान चाहते हैं।"

भगवान् शिव ने एक क्षण सोचा और फिर कहा, "आपको कैसा बच्चा चाहिए—असाधारण प्रतिभाशाली पुत्र, जो मात्र सोलह वर्ष जीवित रहे या ऐसा पुत्र, जो दीर्घायु तो हो, किंतु हमेशा आपके लिए बोझ बना रहे?"

दंपती ने इस बात पर ध्यान से विचार किया और कहा, "हमें एक श्रेष्ठ पुत्र चाहिए, भले ही वह अल्प समय के लिए ही हमारे साथ रहे।"

शिवजी मुसकराए और उन्हें वरदान देकर अदृश्य हो गए।

मृकंडु और मरुतवती के जल्दी ही एक सुंदर पुत्र पैदा हुआ, जिसका नाम उन्होंने 'मार्कंडेय' रखा। वह आज्ञाकारी पुत्र, प्रतिभाशाली छात्र और उदार बालक था। वह भगवान् शिव का परम भक्त बना।

दिन बीतते चले गए और जैसे-जैसे समय बीतता गया, मृकंडु और मरुतवती दिन-पर-दिन और दु:खी होते चले गए। वह जब-तब उस घड़ी को कोसने लगे, जब उन्होंने पुत्र माँगा था। वे दु:खी होकर एक-दूसरे से कहते, "हमें शायद पुत्र

के लिए कहना ही नहीं चाहिए था। मार्कंडेय जैसा पुत्र पाना और फिर उसे खो देना कहीं अधिक दु:खदायी है।"

मार्कंडेय को पता था कि उसकी जल्दी ही मृत्यु हो जाएगी, किंतु फिर भी जितनी अच्छी तरह जीवन जिया जा सकता है, वह उतनी अच्छी तरह रहता और शिवजी की पूजा किया करता था।

मार्कंडेय के सोलहवें जन्मदिन पर मृकंडु और मरुतवती अपने पुत्र से लिपटकर जोर-जोर से रोने लगे। मार्कंडेय ने बड़े प्यार से उन्हें देखा और मृदु स्वर में कहा, "मुझे आपसे अच्छे माता-पिता नहीं मिल सकते थे। मैं बहुत भाग्यशाली हूँ कि मेरा जन्म इस घर में हुआ।"

अपने दु:खी माता-पिता से विदा लेकर वह शिव मंदिर पहुँचा और वहाँ शिवलिंग को पकड़कर पंचाक्षरी मंत्र का जाप करने लगा।

मार्कंडेय की मृत्यु का समय होता जा रहा था। यम ने अपने दूतों को उस बालक को लाने भेजा। जब वे मंदिर पहुँचे तो देखा कि मार्कंडेय शिवलिंग को पकड़े हुए तपस्या में लीन है। शिव के क्रोध के भय से यमदूत बालक को लिये बिना ही वापस लौट गए।

अंततः यम ने यह काम स्वयं करने का निर्णय लिया। वह अपने काले भैंसे पर सवार होकर बालक को लेने निकला। उसने बालक के गले में डालने के लिए रस्सी का फंदा फेंका, किंतु वह फंदा शिवलिंग पर जा गिरा।

शिव क्रोधित हो गए। वे यम के समक्ष प्रकट हुए और जोर से गरजे, "तुम्हारा साहस कैसे हुआ मुझ पर फंदा डालने का?"

यम ने सिर झुकाकर अपना अपराध स्वीकार कर लिया।

भगवान् शिव केवल इस शर्त पर शांत हुए कि यम मार्कंडेय को लिये बिना ही वापस लौट जाए। यम इस बात पर सहमत हो गए और मार्कंडेय को जीवनदान मिल गया। इससे उनके माता-पिता अति प्रसन्न हुए।

मार्कंडेय की कहानी इस विश्वास को बल देती है कि शिव पंचाक्षरी मंत्र जीवन की धारा बदल सकता है। यह घटना तमिलनाडु के मंदिरों के शहर तिरुक्कादयूर में हुई थी। मार्कंडेय जहाँ रहे, उस स्थान को 'मार्कंडेय तीर्थ' कहा गया। यह स्थान यमुना के उद्गम स्थल यमुनोत्तरी जाने के रास्ते में पड़ता है। उन्होंने 'मार्कंडेय पुराण' की रचना की, जो 18 प्रमुख पुराणों में से एक है।

अबोध शिकारी

कन्नप्पा एक अनाथ बालक था, जिसका पालन-पोषण जंगल में शिकार करनेवाले लोगों के एक दल ने किया था। उसकी कोई औपचारिक शिक्षा-दीक्षा नहीं हुई थी। वह केवल शिकार करना और अपने शिकार को खाना जानता था। इसके अलावा पेट भरने के लिए जंगल के फल-फूल भी खाया करता था और नदी के जल से अपनी प्यास बुझा लेता था।

एक दिन वह रास्ता भटक गया और नदी के पास बने पत्थर के एक ढाँचे के पास पहुँच गया। उसने देखा कि लोग वहाँ फल, फूल और नारियल लेकर आ-जा रहे हैं। वह ढाँचा एक मंदिर था। लेकिन कन्नप्पा ने कभी मंदिर नहीं देखा था, इसलिए वह उसके बारे में जानने को उत्सुक था।

वह ढाँचे के बाहर तब तक प्रतीक्षा करता रहा, जब तक कि लगभग सभी व्यक्ति वहाँ से चले नहीं गए। अंत में उसने देखा कि एक बालक उस ढाँचे से बाहर निकलकर आ रहा है। उसने उस बालक से पूछा।

कन्नप्पा ने अपनी टूटी-फूटी भाषा में उससे अनेक प्रश्न किए—"इस इमारत को क्या कहते हैं? लोग अपने साथ चीजें लेकर यहाँ क्यों आते हैं और उन्हें अंदर ही क्यों छोड़ जाते हैं?"

उस बालक को कन्नप्पा की अज्ञानता पर बहुत आश्चर्य हुआ और वह उसके प्रश्नों से चकरा गया; लेकिन फिर भी, जहाँ तक हो सका, उसने प्रश्नों के उत्तर दिए, "यह भगवान् शिव का मंदिर है। लोग यहाँ उनको फल और मिठाई चढ़ाते हैं। उनके मन में जो इच्छा होती है, वे शिवजी से माँगते हैं और भगवान् शिव उनकी प्रार्थना सुनते हैं।"

कन्नप्पा तुरंत मंदिर के अंदर जाने को उत्सुक हो गया। बच्चे ने उसे अंदर जाने का रास्ता दिखा दिया और अंदर स्थापित शिवलिंग के बारे में भी बताया।

कन्नप्पा ने बहुत भोलेपन से बच्चे से पूछा, "यह शिवलिंग...क्या हम जो माँगेंगे, वे हमें वह सबकुछ देंगे?"

उसने कहा, "हाँ, हमारा ऐसा ही विश्वास है। अब अँधेरा हो रहा है और मुझे घर जाना है।" वह कन्नप्पा को वहाँ अकेला छोड़कर चला गया।

हिचकिचाते हुए कन्नप्पा ने मंदिर में प्रवेश किया। वह एक कोने में बैठ गया और सोचने लगा कि आखिर एक पत्थर किसी को वह सबकुछ कैसे दे सकता है, जो वह माँगता है? उसने सोचा कि वह भी देखे कि यह सच है या नहीं।

उसने कहा, "हे भगवान्! कृपया ऐसा कीजिए कि मैं इतने शिकार कर पाऊँ कि मेरा पेट भर जाए और मैं भूखा न रहूँ। मेरे पास आपको चढ़ाने के लिए फल-फूल नहीं हैं; लेकिन मैं जो भी शिकार करूँगा, उसमें आपको बराबर का हिस्सा दूँगा। मैं वचन देता हूँ कि मैं आपको कोई धोखा नहीं दूँगा।"

अगले दिन कन्नप्पा शिकार करने निकला। वह दिन भर इधर-उधर भटकता रहा, लेकिन उसे कोई शिकार नहीं मिला। शाम होने को आ रही थी। भूखा-प्यासा कन्नप्पा हताश हुआ जा रहा था और उसे भरोसा हो चला था कि मंदिर में उस लड़के ने उससे झूठ बोला था; लेकिन फिर भी उसने शिकार की तलाश जारी रखी। शाम ढलने ही वाली थी कि उसने दो खरगोश देखे और तुरंत उनका शिकार कर लिया। उसने भगवान् को वचन दिया था कि वह अपना शिकार उनसे आधा बाँटेगा, इसलिए वह एक मृत खरगोश लेकर मंदिर में पहुँच गया।

काफी देर हो चुकी थी और मंदिर में कोई नहीं था। कन्नप्पा ने मंदिर में प्रवेश किया और जोर से कहा, "भगवान्, आइए और अपना हिस्सा लीजिए। यह आपका है।"

वह बैठा रहा और जब तक बहुत अँधेरा नहीं हो गया, तब तक इंतजार करता रहा; लेकिन भगवान् नहीं आए। कन्नप्पा को भूख लग रही थी और नींद भी आ रही थी, अतः उसने वह खरगोश मंदिर में ही छोड़ देने का फैसला किया। जाने से पहले उसने एक बार फिर शिवजी से विनती की कि वह अपना हिस्सा ले लें; फिर वह अपने घर रवाना हो गया।

अगले दिन सुबह जब लोग मंदिर में आए तो उन्हें शिवलिंग के समक्ष मरा हुआ खरगोश दिखाई पड़ा। भक्तगण बहुत विचलित हो गए। 'कौन इसे यहाँ लाया? किसने मंदिर को अपवित्र करने का साहस किया?'

मृत खरगोश को बाहर फेंक दिया गया।

अगले दिन कन्नप्पा फिर शिकार करने गया; लेकिन आज उसके भाग्य ने साथ नहीं दिया। उसने सोचा, आज रात मुझे मंदिर जाना चाहिए और शिवजी से पूछना चाहिए कि उन्हें खरगोश का भोजन कैसा लगा?

लेकिन उसे यह देखकर आश्चर्य हुआ कि उस रात मंदिर में बहुत से लोग जमा थे। वह शिवरात्रि की रात थी, लेकिन भला उस अनाथ शिकारी बालक को कैसे यह पता होता!

कन्नप्पा ने चारों ओर नजर दौड़ाई, उसे मंदिर में शिव की पूजा करते हुए वह

बालक दिखाई पड़ा, जिससे उसने बात की थी। चूँकि कन्नप्पा की इतने लोगों के बीच आने-जाने की आदत नहीं थी, इसलिए उसने प्रतीक्षा करने का फैसला किया और बेल के एक पेड़ पर चढ़कर बैठ गया। उसे काफी इंतजार करना पड़ा और इस बीच कुछ खास करने को नहीं था, अतः उसने उस पेड़ के पत्ते तोड़कर नीचे फेंकने शुरू कर दिए। उस पेड़ के नीचे भी एक छोटा सा शिवलिंग था, जिसकी उसे जानकारी नहीं थी। उस शिवलिंग की लंबे समय से पूजा नहीं हुई थी। बेलपत्र उस शिवलिंग पर जा गिरे।

इस बीच मंदिर में शिवरात्रि का आयोजन जारी रहा। लोगों ने भजन गाए और फल-फूल से भगवान् शिव की पूजा-अर्चना की।

कन्नप्पा भजन सुनकर मंत्रमुग्ध हो गया, वह भी धीरे-धीरे गाने लगा। इस तरह वह पंचाक्षरी मंत्र का जाप करने लगा। रात बीतने के बाद तड़के भक्तगण मंदिर से चले गए। तब कन्नप्पा पेड़ से उतरा और मंदिर के अंदर चला गया।

उसे शिवलिंग पर शिव की आँखें दिखाई पड़ीं और उनके ऊपर कुछ लाल-लाल लगा हुआ था, संभवतः कुमकुम या लाल फूल, जो लोगों ने शिवलिंग पर चढ़ाए थे। लेकिन कन्नप्पा को यह समझ नहीं आया और उसे लगा कि शिवजी की आँखों में कोई परेशानी है। उसे शिवजी की वह स्थिति देखकर दुःख हुआ, उसने उनकी सहायता करने का फैसला किया। उसने सोचा, बेचारे शिव यहाँ बिल्कुल अकेले रहते हैं और जब वे बीमार हैं तो यहाँ उनकी देखभाल करनेवाला कोई नहीं है। जब तक भक्त नहीं आते, तब तक उन्हें खाना भी नहीं मिलता है।

कन्नप्पा ने पिछली रात देखा था कि भक्त शिवलिंग पर पानी डाल रहे थे। उसने सोचा, भगवान् को जरूर ठंड लग गई होगी। वह काँप रहे होंगे। आखिर वह केवल पत्तों से ही तो ढके हुए हैं।

उसने शिवजी से पूछा, "भगवान्, मैं आपके लिए क्या लाऊँ ? कुछ खाने को या कुछ दवा ? मैं कैसे आपकी सहायता करूँ ?"

शिवजी ने कोई उत्तर नहीं दिया।

कन्नप्पा ने सोचा—ओह, हो सकता है कि भगवान् बहुत अधिक बीमार हैं और वे इस वजह से जवाब भी नहीं दे पा रहे हैं।

वह तुरंत जंगल में गया, कुछ जड़ी-बूटियाँ लाया और उन्हें पीसकर उनका लेप उन लाल-लाल स्थानों पर लगाया। लेकिन कोई असर नहीं हुआ।

सीधे-सादे कन्नप्पा ने सोचा— 'हे भगवान्! मुझे लगता है कि आप जरूर

अंधे हो गए। मुझे भगवान् को अपनी एक आँख दे देनी चाहिए, ताकि आप स्वस्थ हो जाएँ। इससे आप जरूर खुश होंगे।'

उसने अपना एक पैर शिवलिंग पर रखा और दूसरा जमीन पर टिकाकर त्रिशूल लेकर अपनी दाहिनी आँख की तरफ निशाना साधा।

कन्नप्पा पढ़ा-लिखा नहीं था और उसे मंत्रों या पूजा की विधि की जानकारी नहीं थी, लेकिन उसके अगाध विश्वास और समर्पण की कोई सीमा नहीं थी। जैसे ही अपनी आँख निकालने के लिए उसने त्रिशूल बढ़ाया, शिवजी अपनी पत्नी पार्वती के साथ प्रकट हुए। अनजाने में ही कन्नप्पा ने शिवरात्रि के दिन व्रत रखा था, बेलपत्र से भगवान् की पूजा की और यह साबित कर दिया कि उसका हृदय अत्यंत निर्मल है। इसलिए शिव प्रसन्न हुए।

भगवान् शिव ने मुसकराकर कहा, "तुम्हारे भोलेपन ने मेरा मन जीत लिया है। लोग मुझसे बहुत वादे करते हैं, किंतु जब उनकी इच्छा पूरी हो जाती है, तब वे अपने वादे पूरा करना भूल जाते हैं। किंतु तुमने मेरे साथ बिल्कुल अपने साथ के किसी मनुष्य की तरह का व्यवहार किया, जो शायद ही कभी होता है। अब से तुम मेरे महानतम भक्तों में गिने जाओगे और तुम्हारा नाम सदैव मेरे नाम के साथ जुड़ा रहेगा। तुम दीर्घायु होगे।"

यह मंदिर अभी भी आंध्र प्रदेश के श्रीकालहस्ती शहर में मौजूद है।

लड़की, जिसे भगवान् ले गए

वर्षों पहले की बात है, कर्नाटक के एक छोटे से गाँव कोलुरु में एक अमीर व्यक्ति रहता था। वह शिवजी का परम भक्त था और प्रतिदिन सुबह मंदिर जाकर भगवान् शिव को दूध चढ़ाता था। उसकी पत्नी की मृत्यु काफी पहले हो गई थी और उसकी एक प्यारी सी मधुर स्वभाव की लड़की थी, जिसका नाम कोडागुसू था।

वह व्यक्ति प्रतिदिन सुबह मंदिर जाता और वहाँ पाँच बार पंचाक्षरी मंत्र का जाप करता। फिर वह अपने साथ लाया हुआ दूध पी जाता और खाली गिलास लेकर वापस लौट जाता। कोडागुसू दरवाजे पर अपने पिता का स्वागत करती और उनसे गिलास लेकर उसे माँजकर रख देती, ताकि अगले दिन उसके पिता उसे ले जा सकें। कई वर्षों तक यह सिलसिला चलता रहा।

एक दिन उस व्यक्ति को किसी काम से दूसरे गाँव जाना था। उसने कोडागुसू से

कहा, "मेरी प्रिय पुत्री, वर्षों से मैं हर सुबह शिवजी को दूध चढ़ाता आ रहा हूँ। उन्होंने हमेशा हमारी रक्षा और सहायता की है। मैं इस क्रम को तोड़ना नहीं चाहता। तुम कल जरूर मंदिर चली जाना और मेरी तरफ से एक गिलास दूध भगवान् को चढ़ा देना।"

कोडागुसू इस पर राजी हो गई और उसके पिता संतुष्ट होकर चले गए।

अगले दिन सुबह कोडागुसू ने स्नान किया, अपने बाल सँवारे और सुंदर वस्त्र पहने। उसने दूध गरम किया और उसमें थोड़ी चीनी भी डाल दी। इसके बाद उसे गिलास में भरकर बहुत ध्यान से मंदिर ले गई। उसने शिवलिंग पर माला चढ़ाई और उनके सामने दूध का गिलास रख दिया।

उसने कहा, "प्रभु, मेरे पिता आपके परम भक्त हैं। उन्होंने मुझसे आपके लिए यह दूध लाने को कहा था। कृपया इसे स्वीकार कर इसे पी लें।"

वह मंदिर के उस कक्ष के कोने में कुछ देर बैठी रही और शिव के वहाँ आकर दूध पीने का इंतजार करती रही; लेकिन कोई नहीं आया और दूध का गिलास वैसा ही भरा रहा।

उसने सोचा, हो सकता है कि भगवान् ने मेरी बात न सुनी हो। वह जोर से बोली, "मेरा नाम कोडागुसू है। मैं आपके प्यारे भक्त की बेटी हूँ, जो आपको हर रोज दूध चढ़ाते हैं। कृपया जितनी जल्दी हो सके, दूध पी लीजिए; क्योंकि मुझे जल्दी घर पहुँचना है और फिर स्कूल जाना है।"

उसने और पाँच मिनट इंतजार किया, लेकिन फिर भी शिव कहीं दिखाई नहीं पड़े। उसने सोचा, 'मेरा चेहरा उनके लिए नया है और हो सकता है कि इसीलिए वे मेरे सामने आने से शरमा रहे हों। मुझे यहाँ सामने से हट जाना चाहिए।' यह सोचकर वह मंदिर के बाहर चली गई।

कोडागुसू थोड़ी देर बाहर रही, फिर यह पता करने अंदर आ गई कि भगवान् ने भेंट स्वीकार की या नहीं। लेकिन दूध तब भी जस-का-तस ही रखा था।

अब उसे चिंता होने लगी। उसने सोचा, अगर शिवजी ने दूध नहीं पिया और मैं इसे वापस घर ले गई तो पिताजी मुझे डाँटेंगे। उसे आश्चर्य हुआ कि आखिर भगवान् उसकी बात सुन क्यों नहीं रहे थे?

वह शिवलिंग के सामने बैठ गई और उन्हें मनाने लगी, "कृपया, दूध पी लीजिए। तुम्हें ताकत की जरूरत है। मैंने तो आज इसमें थोड़ी चीनी भी डाल दी है, ताकि इसका स्वाद और अच्छा हो जाए। मुझे पूरा विश्वास है कि तुम्हें यह पसंद आएगा। कृपया मेरे लिए मुसीबत मत पैदा करो—दूध पी लो! अगर आप आज दूध

पी लेंगे तो कल मैं आपके लिए लड्डू लाऊँगी।" लेकिन उसे कोई आवाज नहीं सुनाई पड़ी और उसी तरह शांति बनी रही।

बेबस कोडागुसू रोने लगी। समय बीतता गया और सुबह के बाद दोपहर हो गई। शिव वहीं रहे, जहाँ वे थे और रह-रहकर कोडागुसू की सिसकियाँ सुनाई पड़ने लगीं। उसे अपने पिता का डर लग रहा था और वह जिद्दी भगवान् को मना-मनाकर थक चुकी थी।

निराश होकर कोडागुसू अपना सिर शिवलिंग पर पटकने लगी और पूछा, "भगवान्, बताओ, क्या मैं कुछ गलत कर रही हूँ? अगर आप मेरी भेंट स्वीकार नहीं करेंगे तो मैं अपने पिता से क्या कहूँगी?" उसकी कातर पुकार कैलास पर्वत पर विराजमान भगवान् शिव के कानों तक पहुँची। उसकी मासूम पुकार से उनका हृदय पिघल गया और वे शिवलिंग से प्रकट हुए।

कोडागुसू उन्हें देखकर बहुत खुश हो गई। उसने हँसते हुए कहा, "आप तो अपनी तसवीरों से बहुत अलग दिखते हो—कितने दयालु और कितने आम आदमी की तरह! यह बताइए, आप इतनी देर से मुझसे क्यों छुपते फिर रहे थे?"

किसी जवाब का इंतजार किए बिना ही उसने कहा, "कोई बात नहीं, मैं खुश हूँ कि अब आप आ गए हैं। कृपया जल्दी से दूध पी लीजिए और गिलास मुझे वापस दे दीजिए।"

शिवजी ने तुरंत दूध पी लिया और खाली गिलास उसे वापस कर दिया। कोडागुसू ने उन्हें धन्यवाद दिया और दौड़ती हुई घर लौट आई। भगवान् कुछ देर तक उसे स्नेह से देखते रहे और फिर अपने आवास पर लौट गए।

घर पहुँचकर कोडागुसू ने जल्दी से गिलास साफ किया और फिर अपना बस्ता उठाकर स्कूल की तरफ भाग चली, ताकि बाकी बची कक्षाओं में पढ़ाई कर सके।

शाम को उसके पिता अपने काम से वापस आ गए। वे बहुत थके हुए, लेकिन खुश थे। उनकी यात्रा सफल हुई और उन्हें अपने व्यापार में काफी लाभ हुआ था। आराम करते हुए उन्होंने सोचा, भगवान् शिव कितने उदार हैं! यह उनका ही आशीर्वाद है कि मेरा दिन अच्छा रहा। भगवान् का आभार व्यक्त करने के लिए मैं कल कुछ लड्डू ले जाऊँगा।

तभी उन्हें याद आया कि वह अपनी बेटी से भगवान् शिव को दूध चढ़ाने को कह गए थे। उन्होंने उससे पूछा, "कोडागुसू, क्या तुम आज भगवान् को दूध चढ़ाने गई थीं?"

"जी, मैंने चढ़ाया था; लेकिन शिवजी ने आने में घंटों लगा दिए। मुझे उन्हें मनाना पड़ा, उनकी मनुहार करनी पड़ी, यहाँ तक कि डाँटना पड़ा, तब जाकर वे आए और दूध पिया! पिताजी, जब आप मंदिर जाते हैं, तब तो आपको इतना वक्त नहीं लगता। हो सकता है कि आप मुझसे बड़े हैं और शिवजी आपको जानते भी हों, इसीलिए वे आपकी बात आसानी से मान जाते हैं। ऐसा भी हो सकता है कि मैं बहुत छोटी हूँ और उनको मेरी बात सुनाई पड़ने में समय लग गया हो।"

कोडागुसू के पिता सन्नाटे में आ गए। उन्होंने कहा, "बेटी, यहाँ आओ और मेरे पास बैठो। तुमने जो कुछ अभी कहा, वह मुझे फिर से बताओ, लेकिन धीरे-धीरे।"

कोडागुसू ने पूरी घटना विस्तार से बता दी।

उस व्यक्ति को अपनी बेटी की बातों पर विश्वास नहीं हुआ। वह जानता था कि उसकी बेटी कभी झूठ नहीं बोलती; लेकिन आखिर शिवलिंग से शिव कैसे प्रकट हो सकते हैं? उसने सोचा, क्या मंदिर में कोई ऐसा था, जो देखने में शिव की तरह लग रहा हो? उसने दूध पीकर मेरी छोटी सी बेटी को मूर्ख बनाया हो? बेचारी! उसके साथ धोखा हुआ है। मैं कल उससे कहूँगा कि वह शिवजी को चढ़ाने के लिए दूध लेकर मंदिर जाए और फिर उसके पीछे-पीछे जाकर देखूँगा कि आखिर क्या मामला है!

उस रात उस व्यक्ति को ठीक से नींद भी नहीं आई।

अगले दिन उसने अपनी बेटी से कहा, "लो, यह दूध भगवान् को चढ़ाकर आओ।"

"पिताजी, आप मेरे साथ चलिए। मैं आपको दिखाऊँगी, वे सामने आने में कितना समय लेते हैं! मुझे आज फिर स्कूल जाने में देर हो जाएगी।"

"नहीं कोडागुसू, अभी तुम मंदिर जाओ। मैं किसी और दिन जाऊँगा।"

एक आज्ञाकारी बच्चे की तरह उसने सहमति में सिर हिलाया और दूध लेकर रवाना हो गई।

उसके पिता उसके पीछे-पीछे चुपचाप मंदिर पहुँचे और दरवाजे के पीछे खड़े होकर देखने लगे। पिछले दिन की तरह ही कोडागुसू ने भगवान् का नमन किया और उनसे दूध पी लेने की विनती की; लेकिन कोई प्रकट नहीं हुआ। वह कुछ देर तक विनती करती रही, लेकिन कोई नहीं आया।

कोडागुसू ने मंदिर में चारों तरफ देखा—वह बिल्कुल खाली था। अब तक

उसके पिता को विश्वास हो चुका था कि वहाँ से गुजरनेवाले किसी व्यक्ति ने अपने को भगवान् शिव बताकर दूध पी लिया होगा। इस बात से दु:खी होकर वह दरवाजे के पीछे से निकल आए और अपनी बेटी को डाँट लगाई, "शिव कल यहाँ नहीं आए थे। किसी और ने अपने को शिव बता दिया और तुम, मेरी नन्ही सी बेटी, बुद्धू की तरह उसकी बातों में आ गईं।"

कोडागुसू ने पूरे विश्वास के साथ कहा, "नहीं, वे भगवान् शिव ही थे। मुझे बहुत अच्छी तरह पता है। उनका कंठ नीला था और उनके लंबे-लंबे घुँघराले बाल थे। उनके सिर पर अर्धचंद्र था और वे त्रिशूल लिये हुए थे। जब वे मुझे देखकर मुसकराए, तब मैंने उनके गले में रुद्राक्ष की माला भी देखी थी। मैंने उन्हें दूध दिया। पिताजी, मुझे पता है, वे सच में भगवान् शिव ही थे। मैं झूठ नहीं बोल रही हूँ।"

लेकिन उसके पिता को उसकी बातों पर विश्वास नहीं हुआ।

कोडागुसू इस बात से बहुत दु:खी हो गई कि उसके पिता उसकी बात पर विश्वास नहीं कर रहे हैं। वह शिवलिंग से लिपट गई और भगवान् शिव से प्रकट होने की गुहार करने लगी, "हे भगवान्! कृपया आइए। अगर आप नहीं आएँगे तो मेरे पिता सोचेंगे कि मैं झूठ बोल रही हूँ। केवल आप ही हैं, जो उन्हें सच्चाई बता सकते हैं। मैंने झूठ नहीं बोला, फिर मुझे झूठ बोलने के लिए डाँट क्यों पड़नी चाहिए?"

अचानक बादल गरजने की तरह तेज आवाज हुई। शिवलिंग फटकर उसके अंदर से भगवान् शिव प्रकट हुए और कोडागुसू को अपनी बाँहों में भर लिया।

इसके बाद उन्होंने कोडागुसू के पिता की ओर देखकर कहा, "बच्चे बहुत भोले होते हैं। मैं नहीं चाहता कि फिर कोई उसकी परीक्षा ले और जब दु:खी होकर वह मुझे बुलाए तो मुझे यहाँ आना पड़े। अब वह हमेशा मेरे साथ रहेगी।"

शिवजी ने कोडागुसू को अपनी गोदी में ले लिया और शिवलिंग बंद होने लगा। वे कोडागुसू को अपने साथ ले जा रहे थे।

कोडागुसू के दु:खी पिता शिवलिंग की ओर दौड़े; लेकिन उनके हाथ में केवल कुछ बाल ही आ सके और शिवलिंग पूरी तरह बंद हो गया।

ऐसा कहा जाता है कि यही वजह है कि जब कोई व्यक्ति कोलुरु गाँव में स्थित शिवलिंग को स्पर्श करता है तो उसे ऐसा आभास होता है कि वह किसी के बाल सहला रहा है।

आदि शंकराचार्य की कहानी

केरल के एर्नाकुलम जिले में पेरियार नदी के पूर्व में कलाडी नाम का एक गाँव है। अठारहवीं सदी के प्रारंभ के वर्षों में उस गाँव में आर्यंबा नाम की एक युवा विधवा स्त्री अपने पुत्र शंकर के साथ रहती थी।

बालक शंकर के आसपास जो कुछ था और जो कुछ घटता था, वह उन सबको बहुत ध्यान से देखता था।

वह बहुत बुद्धिमान था और बचपन से ही संन्यासी बनना चाहता था। वह जब-तब अपनी माँ से पूछता था, "आप मुझे संन्यासी बन जाने देंगी?"

आर्यंबा को डर था कि वह अपना एकमात्र पुत्र भी खो बैठेंगी, इसलिए वे ऐसी किसी भी बात को बिल्कुल पसंद नहीं करती थीं।

शंकर अपनी माँ को दु:खी नहीं करना चाहता था, इसलिए वह चुप हो जाता था; लेकिन उसने उम्मीद नहीं छोड़ी थी।

एक दिन, जब वह आठ साल का था और नदी में नहा रहा था, उसी समय एक मगरमच्छ ने उसका पैर अपने मुँह में दबोच लिया और उसपर अपने दाँत कसकर गड़ा दिए।

उसकी माँ सहायता के लिए जोर-जोर से चिल्लाईं, लेकिन वहाँ कोई नहीं था।

शंकर ने माँ को पुकारा, "अम्माँ, अगर तुम मुझे संन्यासी बनने की अनुमति दे दोगी तो मगरमच्छ मेरा पैर छोड़ देगा। यह मत पूछना कैसे? मैं बस, कर लूँगा।"

उसकी माँ रो रही थीं और पूरी तरह असहाय थीं।

"अम्माँ, कुछ तो कहो। मेरा दिल जो चाहता है, क्या तुम मुझे उस राह पर जाने दोगी?"

आर्यंबा किसी भी मूल्य पर अपने बेटे को बचाना चाहती थीं, इसलिए उन्होंने अनुमति दे दी। तुरंत मगरमच्छ ने अपना मुँह खोल दिया और वहाँ से चला गया।

कुछ दिनों बाद जब शंकर सत्य की खोज में रवाना होने वाला था, तब आर्यंबा ने उससे एक वचन लिया, "कोई बात नहीं, पुत्र! कहीं भी रहो, लेकिन जब तुम्हें मेरी मृत्यु का समाचार मिले तो मेरे अंतिम संस्कार के लिए वापस जरूर आना।"

शंकर जल्दी ही गुरु गोविंदपद के शिष्य बन गए। उन्होंने वेद, उपनिषद्, ब्रह्मसूत्र और अनेक ग्रंथों का अध्ययन किया। उन्होंने सारे भारत की यात्रा की

और अद्वैतवाद[9] के सिद्धांतों का प्रचार किया, जिसके लिए उन्हें आज भी याद किया जाता है। उन्होंने अनेक मठों और विहारों की स्थापना की, जिनमें से चार अभी भी विख्यात हैं। पहला कर्नाटक के श्रृंगेरी में है, जहाँ उन्होंने देवी सरस्वती का मंदिर बनवाया था। अन्य मठ केदार, पुरी और द्वारका में हैं।

शंकर के अनेक जाने-माने शिष्य भी हुए, जिनके नाम—सुरेश्वर, पृथ्वीधर, बोधेंद्र और ब्रह्मेंद्र हैं। शंकर को शिव का अवतार माना जाता है। बाद में वे मिथिला के एक प्राचीन गाँव महेस्वती में बस गए, जो बिहार में है। वहाँ उन्होंने अनेक ग्रंथों की रचना कीं, जो आज भी काफी महत्त्वपूर्ण हैं।

शंकर की ख्याति चारों ओर फैल गई कि वे वाद-विवाद और चर्चा में अपने तर्क देकर तथा अपने विचारों एवं सिद्धांतों के माध्यम से बड़े-बड़े विद्वानों को निरुत्तर कर देते हैं। एक बार एक वाद-विवाद में उनका सामना प्रसिद्ध दार्शनिक मंडन मिश्र से हुआ। उसमें मंडन मिश्र की पत्नी उभय भारती निर्णायक की भूमिका में थीं, जो अपनी निष्पक्षता के लिए जानी जाती थीं।

दोनों पति-पत्नी भारतीय दर्शन के अपने ज्ञान और समझ के लिए प्रसिद्ध थे। यह तय किया गया था कि अगर मंडन मिश्र हारते हैं तो वे संन्यासी बन जाएँगे और अगर शंकर हारते हैं तो वे विवाह करके गृहस्थ का जीवन बिताएँगे।

कई दिनों तक तर्क-वितर्क चलता रहा। अंतत: शंकर की विजय हुई। वह जीत उभय भारती के लिए काफी भारी पड़ रही थी, लेकिन वह तटस्थ रहीं और शंकर के पक्ष में फैसला सुनाया।

इसके बाद मंडन मिश्र का नाम 'सुरेश्वर' पड़ा और वे शंकर के शिष्य बन गए। वे श्रृंगेरी मठ के पहले आचार्यों में से एक बने। 32 वर्ष की आयु में शंकर केदारनाथ से अचानक लापता हो गए और फिर उनके बारे में कहीं कोई जानकारी नहीं मिली।

उनकी विरासत आज भी अक्षुण्ण बनी हुई है और उनकी गिनती आज भी भारत के इतिहास में सर्वाधिक प्रतिभाशाली लोगों में की जाती है।

केरल के राजा

काफी समय पहले केरल में एक राजा थे, जो देवी भगवती के अनन्य भक्त थे। वे बहुत न्यायप्रिय थे और उनकी प्रजा उनका बहुत सम्मान करती थी। राज्य की

9. यह ऐसा दर्शन है, जिसमें माना जाता है कि आत्मा और ईश्वर एक ही हैं।

सही स्थिति जानने के लिए वे प्राय: आम आदमी की तरह वेश धारण कर इधर-उधर घूमा करते थे और लोगों से बातचीत किया करते थे।

एक दिन अपनी ऐसी ही एक यात्रा से लौटते समय राजा देवी भगवती के मंदिर के पास से गुजर रहे थे। मध्य रात्रि का समय था और मंदिर परिसर बिल्कुल सूना पड़ा था। वहाँ उन्होंने देखा कि अच्छे कपड़े पहने लंबे बालोंवाली एक स्त्री मंदिर के बरामदे में बैठकर रो रही है। इतनी रात को उसे वहाँ देखकर उन्हें आश्चर्य हुआ।

वे वहाँ पहुँचे और पूछा, "माता, आप क्यों रो रही हैं? कृपया बताएँ, आपको क्या समस्या है? शायद मैं आपकी कुछ सहायता कर सकूँ।"

अपने आँसू पोंछते हुए उस स्त्री ने कहा, "मेरे प्यारे बच्चे, मैं बहुत विपदा में हूँ; क्योंकि मुझे यह स्थान हमेशा के लिए छोड़ना पड़ेगा।"

"क्यों?"

"मैं इस राज्य की राजलक्ष्मी हूँ। मैं धन-दौलत के साथ ही समृद्धि और शांति भी लाती हूँ। लेकिन मेरा समय पूरा हो गया है और मुझे अब जाना होगा।"

राजा ने पूछा, "लेकिन क्या बदल गया? आपको क्यों जाना होगा?"

"जीवन उतार-चढ़ाव से भरा होता है और इस राज्य का पतन कल से शुरू होगा। मैं यहाँ से जाना नहीं चाहती, लेकिन मुझे जाना होगा।"

राजा ने अपना परिचय दिए बिना पूछा, "क्या मैं कुछ कर सकता हूँ?" वे स्त्री के रहस्यमय शब्दों को लेकर चिंतित थे।

स्त्री ने कहा, "केवल इस राज्य के लोग ही मेरी सहायता कर सकते हैं। वे ऐसा कुछ करें कि मैं यहीं रह जाऊँ।"

राजा एक पल को शांत रहे, फिर उन्होंने कहा, "ठीक है, मुझे इस बारे में सोचने दीजिए। इस बीच मैं मंदिर के अंदर जाना चाहता हूँ और देवी से प्रार्थना करना चाहता हूँ कि वे हमें रास्ता दिखाएँ। लेकिन इससे पहले मुझे स्नान कर लेना चाहिए। देवी, क्या आप मेरी थोड़ी सहायता कर सकती हैं और तब तक मेरे वस्त्र पकड़े रह सकती हैं, जब तक कि मैं कुएँ से स्नान करके न आ जाऊँ?"

स्त्री ने सहमति में सिर हिला दिया और भारी मन से कहा, "शीघ्र आना। सवेरा होने ही वाला है और मेरे पास अधिक समय नहीं है।"

"आप वचन देती हैं न कि आप मेरे आने तक प्रतीक्षा करेंगी?"

उसने जवाब दिया, "मैं वचन देती हूँ। आप जितना शीघ्र हो सके, वापस आ जाइए।"

राजा मंदिर परिसर में बने कुएँ में उतर गए। उन्होंने उतरते हुए स्त्री को मुड़कर देखा और देवी से प्रार्थना की, "हे देवी! अगर मैं अपने प्राण भी गँवा बैठता हूँ तो कोई बात नहीं, किंतु मैं आपको इस राज्य को छोड़कर नहीं जाने दूँगा और अपनी प्रजा को दु:खी नहीं होने दूँगा। मेरी प्रजा सदैव सुखी रहे; यह मेरा कर्तव्य है कि मैं उन्हें कभी दु:खी नहीं होने दूँ।"

इसके बाद परोपकारी राजा ने कुएँ में कूदकर जल-समाधि ले ली।

स्त्री घंटों उसकी प्रतीक्षा करती रही। जब सुबह हुई तो उसे समझ आया कि वह कभी लौटकर नहीं आएगा। चूँकि वह वचन दे चुकी थी कि जब तक वह नहीं लौट आता, तब तक वह वहाँ से नहीं जाएगी, वह चुपचाप मंदिर के अंदर चली गई।

इस तरह राजा ने अपनी प्रजा का ध्यान रखा और सुख-शांति की देवी केरल में ही रह गईं।

□

संभवामि युगे-युगे

दधीचि की हड्डियाँ

दधीचि अत्यंत ज्ञानी और उदार ऋषि थे। वे भगवान् विष्णु के परम भक्त और प्रसिद्ध 'नारायण कवचम्' स्तोत्र के रचयिता थे।

देवगण जब भी असुरों से युद्ध में पराजित हो जाते थे, तो वे दधीचि के पास अपने अस्त्र छोड़ जाते थे, जो उनकी रक्षा करते थे।

एक बार लंबे समय तक देवता अपने अस्त्र लेने नहीं आए, क्योंकि कोई युद्ध ही नहीं हुआ था। कई दशक बीत गए और महर्षि दधीचि अस्त्रों की देखभाल करते-करते ऊब गए। उन्हें एक विशेष मंत्र आता था—'मधुविद्या', जिसके माध्यम से वे अस्त्रों को तरल रूप दे देते थे, फिर उसे पानी में डुबो देते थे और उस घोल को पी जाते थे। इस तरह वे कहीं भी आने-जाने के लिए स्वतंत्र हो जाते थे और अस्त्रों को सँभालने की भी आवश्यकता नहीं पड़ती थी।

इस बीच एक असुर वृत्रासुर ने भगवान् ब्रह्मा से एक वरदान प्राप्त कर लिया था, जिसके अनुसार धातु या लकड़ी के बने किसी शस्त्र या अस्त्र से उसकी मृत्यु नहीं हो सकती। इससे वह बहुत शक्तिशाली और साथ ही अहंकारी एवं अत्याचारी भी हो गया।

एक दिन उसने पूरे विश्व का पानी चुरा लिया और स्त्री, पुरुष, बच्चे सब प्यास से मरने लगे। सहायता के लिए लोगों की प्रार्थना और रुदन अंत तक देवराज इंद्र तक पहुँचा। वे तत्काल महर्षि दधीचि के पास पहुँचे, ताकि उनसे अस्त्र-शस्त्र लिये जा सकें।

चूँकि हथियार कहीं दिखाई नहीं पड़ रहे थे, इसलिए उन्होंने चिल्लाकर दधीचि से पूछा, “आपने हमारे अस्त्रों का क्या किया? क्या आपने सारे अस्त्र खो दिए? आप इतने दायित्वहीन कैसे हो सकते हैं?” दधीचि चुपचाप सुनते रहे, क्योंकि इंद्र वृत्रासुर को दिए गए वरदान से क्रुद्ध थे, जिसके कारण वह अजेय बन गया था।

इसके बाद वे मुसकराए और बोले, “तुम्हें जो अस्त्र चाहिए, वे सब मेरे पास हैं। मैंने अपनी शक्तियों का उपयोग कर अस्त्रों को पानी में घोल दिया और फिर उस घोल को पी लिया। किंतु चिंता न करें। मैं अपना शरीर त्याग दूँगा और देवता मेरी हड्डियों से अस्त्र बना लें, जो न ही धातु के बने होंगे और न ही लकड़ी के। फिर तो आपकी जीत निश्चित है।”

इंद्र ने क्रोध में जो कुछ कह दिया था, उसे लेकर वे झेंप गए और उन्होंने महर्षि दधीचि से क्षमा माँगी। वे यह भी सोचने लगे कि कैसे महर्षि को जीवित बचा लिया जाए।

महर्षि ने कहा, “भगवन्, यह शरीर नश्वर है। कभी-न-कभी तो मुझे मरना ही है। ऐसे में मुझे ऐसा करने दीजिए, ताकि किसी तरह मैं देवताओं के काम आ सकूँ।”

इंद्र सहमत हो गए।

इसके बाद दधीचि ने अपनी यौगिक शक्तियों का उपयोग कर और देवताओं के आशीर्वाद से अपना शरीर त्याग दिया। इंद्र ने उनकी रीढ़ की हड्डी से एक अस्त्र ‘वज्रायुध’ बनाया और अन्य हड्डियों से अन्य हथियार बनाए। वज्रायुध हीरे जितना मजबूत था और इंद्र ने वृत्रासुर को हराने के लिए उसका उपयोग किया।

अंततः दधीचि के महान् त्याग से वृत्रासुर को मारकर धरती पर फिर से जल लाया जा सका। लोगों ने राहत की साँस ली और धूमधाम से इस विजय का उत्सव मनाया।

□

समुद्र-मंथन

क्रोधी स्वभाव के ऋषि दुर्वासा की भेंट एक दिन एक अप्सरा सुमति से हुई, जिसने कमल के फूलों की माला पहन रखी थी। माला से तेज सुगंध आ रही थी। उन फूलों की सुगंध ने दुर्वासा का मन मोह लिया। उनके मन में वह माला लेने की इच्छा पैदा हुई। उन्होंने सुमति से पूछा, "क्या तुम मुझे यह माला दे सकती हो?"

सुमति वह माला देना नहीं चाहती थी, किंतु उसे दुर्वासा के क्रोधी स्वभाव की जानकारी थी, इसलिए उसने बेमन से वह माला उन्हें दे दी।

दुर्वासा ने कुछ देर तक उस माला की सुगंध का आनंद लिया, उसके बाद उसे इंद्र को देने का निर्णय लिया। इंद्र को अपनी सुंदरता, अपने आसन और अपनी सुंदरी पत्नी पर गर्व था।

किंतु दुर्वासा को यह देखकर बहुत दुःख हुआ कि इंद्र ने उनके उपहार पर कोई ध्यान नहीं दिया। इंद्र ने उपहार लिया और फिर उसे अपने प्रिय हाथी की सूँड़ पर रख दिया। ऐरावत उस सुगंध को बहुत देर तक नहीं सह सका और उस माला को जमीन पर पटककर उसे पैर से कुचल दिया।

यह देखकर दुर्वासा क्रोधित हो उठे और इंद्र को श्राप दे दिया, "देवराज बनने के बाद आपके पास जो शक्तियाँ आई हैं, वे आपके सिर चढ़कर बोलने लगी हैं। आप यह भी भूल गए हैं कि जब कोई आपको उपहार दे तो आपको उसे कैसे ग्रहण करना चाहिए? मैं आपको और आपकी प्रजा, जो आपको आपकी कमी तक नहीं बता रही है, को श्राप देता हूँ कि आप सभी शीघ्र ही अपनी सभी शक्तियाँ खो बैठेंगे

और अपनी प्रतिच्छाया बनकर रह जाएँगे।"

श्राप का असर दिखाई पड़ने लगा और देवतागण असुरों के विरुद्ध एक के बाद एक युद्ध हारने लगे। उस समय असुरों का राजा था बलि, प्रसिद्ध दैत्यराज प्रह्लाद का पौत्र, उसने लगभग पूरी धरती पर अपना अधिकार कर लिया था।

हताश देवतागण भगवान् विष्णु के पास पहुँचे।

भगवान् विष्णु ने रहस्यपूर्ण मुसकान के साथ कहा, "आप लोगों को थोड़ी चतुराई सीखनी होगी।" उन्होंने कहा, "समुद्र के नीचे एक पात्र में अमृत है। समुद्र-मंथन कीजिए, जिससे वह पात्र आप लोगों को मिल जाएगा। उसकी एक बूँद पीते ही आप अमर हो जाएँगे। ध्यान रहे कि बलि को भी इसका पता है और समुद्र का मंथन देवता व असुर मिलकर ही कर सकते हैं। अब यह आप पर निर्भर करता है कि आप कैसे वह पात्र प्राप्त करेंगे ? मैं आप लोगों को मार्ग बताने के लिए निश्चित रूप से वहाँ उपस्थित रहूँगा।"

यह जानकर कि समस्या का समाधान है, इंद्र ने राजा बलि से बात की और दोनों पक्षों को समुद्र-मंथन के लिए सहमत कर लिया।

मंदराचल पर्वत को मथानी और सर्पराज वासुकि का रस्सी की तरह उपयोग कर समुद्र का मंथन शुरू हुआ। असुरों ने वासुकि के सिर की तरफ वाले सिरे को चुना, जो उनके अनुसार अधिक मजबूत था, जबकि देवों ने विष्णु की सलाह मानते हुए पूँछवाले सिरे को चुना। विष्णु को पता था कि मथने के दौरान वासुकी के मुँह से विषैला धुआँ निकलेगा और वह नहीं चाहते थे कि वह विष देवताओं की साँस के साथ उनके अंदर जाए। उन्हें यह भी पता था कि असुरों में उस विष को झेल पाने की क्षमता है।

कुछ समय बाद मंथन के लिए उपयोग की जा रही मथानी डूबने लगी, तब भगवान् विष्णु ने तुरंत कछुए का रूप धारण कर मंदराचल पर्वत को अपनी पीठ पर सँभाल लिया और इस तरह समुद्र-मंथन जारी रहा। समुद्र-मंथन में अनेक अप्रत्याशित और चमत्कारी वस्तुएँ निकलकर आईं।

सबसे पहले धन की देवी लक्ष्मी निकलकर आईं। वे कमल के एक फूल से प्रकट हुईं। लाल साड़ी पहने हुए वे आभूषणों से लदी हुई थीं। जब उन्होंने सुंदर विष्णु को उनके वास्तविक स्वरूप में देखा तो उन्होंने उन्हें अपना पति मान लिया और स्वर्ग में उनकी संगिनी बन गईं। इसके बाद अति मूल्यवान् कौस्तुभ मणि निकलकर आई, जिसे विष्णु ने ले लिया।

कौस्तुभ के बाद भीनी-भीनी सुगंध वाला फूलों का पेड़ पारिजात निकला, जिसे इंद्र ने देवलोक में अपने नंदन वन में लगाने के लिए ले लिया।

असुरों ने इन किसी भी वस्तु पर ध्यान नहीं दिया; वे तो अपना ध्यान केवल अमृत पर लगाए हुए थे।

किंतु अभी भी बहुत कुछ शेष था। अब समुद्र-मंथन से चंद्रदेव प्रकट हुए, वे शिव के माथे पर सुशोभित हो गए।

चंद्रमा के बाद तुरंत हलाहल (जहरीला विष) बाहर निकला। इससे असुर और देव दोनों आतंकित हो गए। वह विष इतना जहरीला था कि अगर उसकी एक बूँद भी धरती पर गिर जाती तो आग लग जाती और चारों ओर ऊँची-ऊँची लपटें उठने लगतीं तथा वह आग सबको अपनी चपेट में ले लेती और सबकुछ नष्ट हो जाता।

जब कोई उस विष को अपनाने आगे नहीं आया, तब शिव ने पहल करने का निर्णय लिया और इससे पूर्व कि पार्वती उन्हें रोक पातीं, उन्होंने वह विष पी लिया। इससे भयभीत होकर पार्वती ने कसकर शिव का गला पकड़ लिया, ताकि विष नीचे उनके शरीर तक न पहुँच सके। विष के प्रभाव से उनका कंठ नीला पड़ गया और तब से नीला ही रह गया, इसीलिए उन्हें 'नीलकंठ' कहा गया। उन्हें 'नाजुंदा' भी कहा गया, जिसका अर्थ होता है—ऐसे देवता, जिन्होंने विषपान किया हो।

इसके बाद स्वर्ग के चिकित्सक अश्विनीकुमार बाहर आए। दोनों जुड़वाँ भाइयों को देवतागण चाहते थे, इसलिए वे देवलोक चले गए।

फिर कामधेनु गाय प्रकट हुई। वह ऐसी दैवी गाय थी, जो अपने स्वामी की सभी इच्छाएँ पूरी कर सकती थी। विष्णु ने उसे उन ऋषि-मुनियों को दे दिया, जिन्होंने उनके लिए तपस्या की थी।

फिर समुद्र से पाँच सूँड़ोंवाला सफेद हाथी ऐरावत बाहर आया, जो इंद्र की मुख्य सवारी बन गया। उसके बाद सात सिरवाला घोड़ा उच्चैश्रवा बाहर आया। फिर अप्सराएँ प्रकट हुईं, जिन्हें देवराज इंद्र ने अपने दरबार में रख लिया।

अंत में वह क्षण आ गया, जिसके लिए सभी प्रतीक्षा कर रहे थे—अमृत कलश समुद्र से बाहर निकला।

भगवान् विष्णु को पता था कि असुर अमृत कलश नहीं देंगे, अगर उन्होंने अमृत पी लिया तो वे अमर हो जाएँगे और धरती पर कहर ढा देंगे। इसलिए उन्होंने मोहिनी नाम की अति सुंदरी स्त्री का रूप धारण किया और वह सुंदरी असुरों का ध्यान भटकाने लगी।

मोहिनी ने कहा, "प्यारे असुरो, वासुकि के विष से आप लोगों को कितना कष्ट हुआ है। आप लोग नहा-धोकर स्वच्छ क्यों नहीं हो जाते? तब मैं स्वयं आप लोगों को यह अमृत परोसूँगी।"

असुर मोहिनी की सुंदरता पर मुग्ध हो गए और उसके शब्दजाल में फँसकर उसने जैसा कहा था, वैसा ही करने को तैयार हो गए और नहाने के लिए निकट की नदी में चले गए।

अवसर का लाभ उठाकर मोहिनी ने देवताओं को अमृत परोसना शुरू कर दिया।

विष्णु को नहीं पता था कि दो असुर राहु और केतु पर मोहिनी का जादू नहीं चल पाया था और वे वहाँ से नहीं गए थे। वे चुपचाप वेश बदलकर देवताओं के बीच बैठ गए और अमृत परोसे जाने की प्रतीक्षा करने लगे। उनको अमृत परोसते ही विष्णु को पता चला कि वे असुर हैं।

एक क्षण की प्रतीक्षा किए बिना विष्णु ने अपने सुदर्शन चक्र से उनका सिर धड़ से अलग कर दिया। किंतु तब तक उनके मुँह में अमृत पहुँच चुका था और वे बच गए।

इस बीच विष्णु ने अपने वाहन गरुड़ से कहा कि वह कलश में बचा हुआ अमृत देवलोक पहुँचा दे।

जब असुर नहा-धोकर अमृत-पान के लिए वहाँ पहुँचे, तब वहाँ न तो मोहिनी थी और न ही देवगण तथा न ही अमृत।

इससे असुरराज बलि अत्यंत क्रोधित हो गया, उसने सही समय पर इसका बदला लेने का प्रण किया।

ऐसी मान्यता है कि भगवान् विष्णु ने कछुए का अवतार, जिसे कूर्म कहा जाता है, आंध्र प्रदेश के श्रीकाकुलम के निकट स्थित श्रीकूर्म मंदिर में लिया था।

कौस्तुभ मणि आज भी तिरुपति के श्रीवेंकटेश्वर मंदिर में देखी जा सकती है, जहाँ यह देवता के कंधे पर सजी दिखाई पड़ती है।

राहु और केतु की पूजा नक्षत्रों के तौर पर होती है।

गरुड़ जब अमृत कलश लेकर देवलोक जा रहे थे, तब उसकी कुछ बूँदें छलककर पृथ्वी पर गिर गईं और आज वहाँ वैनतेय नाम से गरुड़ मंदिर है, जो आंध्र प्रदेश में है।

ऐसी मान्यता है कि अमृत कलश से एक-एक बूँद चार अन्य स्थानों पर भी गिरी। वे स्थान हैं—गंगा नदी के तट पर स्थित हरिद्वार; गंगा, यमुना और सरस्वती

के संगम पर स्थित प्रयागराज (वर्तमान में इलाहाबाद), गोदावरी नदी के तट पर स्थित नासिक और क्षिप्रा नदी के तट पर स्थित उज्जैन। इन स्थानों पर प्रत्येक बारह वर्ष पर कुंभ मेला लगता है और कहा जाता है कि कुंभ मेले के दौरान जो कोई वहाँ नदी में स्नान करता है, उसके सभी पाप मिट जाते हैं।

समुद्र-मंथन की कहानी भारत भर के कलाकारों में काफी लोकप्रिय है और विभिन्न शैली व विधाओं में इसे प्रस्तुत किया जाता है। कंबोडिया के अंकोरवाट मंदिर की दीवारों पर समुद्र-मंथन के दृश्य उकेरे गए हैं। विष्णु के मोहिनी अवतार की मूर्ति गोवा के श्री महालसा मंदिर में दिखाई पड़ती है।

□

दशावतार

धरती माता, जिन्हें 'भू देवी' भी कहा जाता है, एक बार विष्णु को ढूँढ़ती हुई वैकुंठ पहुँच गईं। ऐसा लग रहा था कि वे किसी बात से बहुत खिन्न थीं और उनकी आँखों में आँसू थे।

विष्णु ने उन्हें शांत करने का प्रयास करते हुए कहा, "भू देवी, आप इतनी दुःखी क्यों हैं? पशु-पक्षी, पेड़-पौधे और संपूर्ण मानव जाति का आप पालन-पोषण करती हैं। आप में असीम धैर्य है और आप उदार-हृदया हैं। आपके ऊपर लोग चलते-फिरते हैं, किंतु फिर भी आप खुशहाल रहती हैं और उन्हें भोजन, आश्रय एवं वस्त्र देती हैं। आप इतनी महान् माता हैं। आपको इस तरह देखकर मुझे दुःख होता है। बताइए, आप क्यों खिन्न हैं?"

भू देवी ने सुबकते हुए कहा, "भगवन्, मेरा बोझ बहुत अधिक बढ़ गया है। धरती पर अब दुष्ट लोगों की संख्या अच्छे लोगों की तुलना में कहीं अधिक हो गई है। ये लोग लगातार झूठ बोल रहे हैं, धोखाधड़ी कर रहे हैं, पशुओं का वध कर रहे हैं और महिलाओं व बच्चों सहित आस-पास के हर व्यक्ति को परेशान कर रहे हैं। उनके लालच का कोई अंत नहीं है। स्थिति तब और बिगड़ जाती है, जब कभी-कभार ऐसे लोग ब्रह्माजी या शिवजी से वरदान प्राप्त कर लेते हैं। यदि इसी तरह का अत्याचार चलता रहा तो एक दिन ऐसा आएगा, जब मैं और नहीं सहन कर पाऊँगी और धरा खत्म हो जाएगी। क्या आप मेरी सहायता करेंगे?"

विष्णु ने मुसकराकर कहा, "अवश्य, भू देवी! मैं आपकी बात समझ रहा

हूँ। मैं आपको वचन देता हूँ कि जब भी धरती पर पाप का बोझ बढ़ने लगेगा, मैं किसी-न-किसी अवतार में धरती पर जन्म लूँगा और धरती पर जो कुछ भी अच्छा है, उसकी रक्षा करूँगा।"

"प्रभु, कितने अवतार होंगे?"

विष्णु ने कहा, "दस, और वे 'दशावतार' कहलाएँगे। मैं एक नश्वर प्राणी के रूप में जन्म लूँगा और मेरी मृत्यु भी होगी। और ऐसी कई यात्राओं में लक्ष्मीजी भी मेरी पत्नी के रूप में ही जन्म लेंगी। मैं अत्याचारी राक्षसों को मारूँगा और अनेक युद्ध भी लड़ूँगा।"

"वे कैसे अवतार होंगे?"

"पहला मत्स्य अवतार होगा, जब मैं मछली के रूप में जन्म लूँगा और जल-प्रलय से जब चारों ओर जल-ही-जल होगा, तब धरती की रक्षा करूँगा।

"दूसरा अवतार कच्छप का होगा, जिसका नाम 'कूर्म' होगा और समुद्र-मंथन के समय यह अपनी भूमिका निभाएगा। तीसरे अवतार में मैं वनैले सूअर यानी वराह का रूप लूँगा और शक्तिशाली राक्षस हिरण्याक्ष का वध करूँगा तथा उसके अत्याचारों से इस धरती को मुक्ति दिलाऊँगा। चौथे अवतार में मैं नृसिंह (आधा शेर और आधा मनुष्य) का रूप धारण करूँगा और हिरण्यकशिपु का वध करूँगा। इसके बाद पाँचवें अवतार में मैं विद्वान् बौने वामन के रूप में धरती पर आऊँगा और शक्तिशाली बलि को परास्त करूँगा।"

भू देवी सारी बातें ध्यान से सुन रही थीं और एक-एक शब्द को याद करती जा रही थीं।

भगवान् विष्णु ने कहा, "छठा अवतार परशुराम का होगा और मैं बड़े-बड़े शक्तिशाली राजाओं को उनके विवेकहीन कार्यों एवं उनकी भयंकर भूलों के लिए दंडित करूँगा। सातवें अवतार में मैं राम के रूप में जन्म लूँगा और लंका के राजा रावण का वध करूँगा। आठवाँ अवतार कृष्ण के रूप में होगा, जब मैं दंतवक्त्र का वध करूँगा, क्रूर राजा कंस और शिशुपाल का खात्मा करूँगा तथा महाभारत के युद्ध का अभिन्न हिस्सा बनूँगा। मेरा नौवाँ अवतार शांति के दूत बुद्ध के रूप में होगा, जो भौतिकवाद और आध्यात्मिकता के बीच के मध्य मार्ग का महत्त्व समझाएँगे।

"अपने दसवें और अंतिम अवतार में मैं श्वेत अश्व पर कल्कि बनकर आऊँगा और धरती पर जो कुछ बुरा है, उसे नष्ट करूँगा।"

अंत में भगवान् विष्णु ने भू देवी की ओर स्नेह से देखा और कहा, "आपको

धरती पर पाप के बोझ को लेकर चिंतित होने की आवश्यकता नहीं है। जब आपको आवश्यकता होगी, मैं आऊँगा और आपका बोझ हलका करूँगा।"

भू देवी नतमस्तक होकर मुसकराईं और आवश्यकता के समय उन्हें जो सहायता मिलेगी, उसके लिए आभार व्यक्त किया।

बड़ी मछली

भगवान् ब्रह्मा ने पहले मनुष्य के रूप में मनु की सृष्टि की थी और माना जाता है कि हम सब उनके वंशज हैं।

एक दिन जब मनु सूर्य देवता को जल चढ़ा रहे थे, तब उन्हें अपनी हथेली के पानी में एक छोटी सी मछली दिखाई पड़ी। उन्हें मछली पर दया आ गई और वे उसे अपने कमंडलु में रखकर घर ले आए। अगले दिन सुबह मनु ने देखा कि मछली कमंडलु से बाहर झाँक रही है। जब वे पास गए तो उन्होंने देखा कि मछली का आकार कई गुना बड़ा हो गया है। यह देखकर उन्होंने मछली को पास के एक तालाब में छोड़ दिया।

एक दिन के अंदर मछली का आकार इतना बड़ा हो गया कि उसने पूरे तालाब को घेर लिया। मछली का आकार जिस तेजी से बढ़ रहा था, उसे देखकर मनु चौंक गए। किंतु वे मछली को सुरक्षित रखना चाहते थे, इसलिए उसे ले जाकर पास की एक झील में डाल दिया। किंतु झील से भी काम नहीं चला। वह भी पर्याप्त नहीं हुई। तब मछली को नदी में और फिर समुद्र में छोड़ा गया, किंतु फिर भी मछली का आकार बढ़ता ही गया।

अंततः मनु ने मछली से पूछ ही लिया, "कौन हैं आप?"

मछली ने कहा, "मैं विष्णु हूँ। मैं तुम्हें आसन्न संकट की चेतावनी देने आया हूँ। पृथ्वी डूबने वाली हैं। जितने भी बीज, पेड़-पौधे, पशु-पक्षी, नर-नारी और बच्चे तथा पवित्र ग्रंथ एकत्र कर सकते हो, कर लो और एक इतनी बड़ी नौका बनाओ, जिसमें इन सबको सवार कर सको। जब प्रलय आए, तब नौका को मेरे पंख जैसे शरीर के हिस्से से बाँध देना। मैं तुम लोगों को सुरक्षित स्थान पर ले जाऊँगी। पानी घटने के बाद तुम इस संसार का पुनर्निर्माण कर सकोगे। आनेवाली पीढ़ियाँ तुम्हें मानव जाति या मनु कुल के पिता के रूप में याद करेंगी।"

मनु को समस्या की गंभीरता समझ नहीं आई, किंतु उन्होंने भगवान् के आदेश का पालन करने का निश्चय किया।

जब पृथ्वी का अंत बिल्कुल निकट था, तभी हयग्रीव नामक एक राक्षस ने वेद चुरा लिये। इसके बाद भयंकर प्रलय आई और सात दिनों के अंदर पृथ्वी पूरी तरह पानी में डूब गई।

भगवान् विष्णु मनु और उनकी नौका को सुरक्षित स्थान पर पहुँचाने के बाद राक्षस हयग्रीव की खोज में निकल पड़े और उसका वध कर वेदों को उसके कब्जे से मुक्त करा लिया। वेद आनेवाली पीढ़ियों के लिए नए दिशा-निर्देशक ग्रंथ बने।

विभिन्न पौराणिक कथाओं और ग्रंथों में इस कथा का अलग-अलग प्रकार से वर्णन है। यह नोआज आर्क की कथा से मिलती-जुलती है, जो कैस्पियन सागर क्षेत्र की है। एक भारतीय पौराणिक कथा के अनुसार, कैस्पियन सागर वास्तव में प्राचीन काल का कश्यप समुद्र है, जिसका नाम मुनि कश्यप के नाम पर पड़ा था।

वामन देवता

प्रह्लाद के पौत्र शक्तिशाली असुर राजा बलि को उनकी महानता के कारण प्राय: 'महाबली' भी कहा जाता है। अपने बहुत से पूर्वजों से बलि अलग थे और अपनी प्रजा के सुख-दु:ख का बहुत ध्यान रखते थे।

बलि के न्यायोचित एवं निष्पक्ष शासन और उनकी बढ़ती शक्ति से इंद्र चिंतित हो गए। वह सोचने लगे कि अगर बलि ने देवताओं से युद्ध करने का निर्णय किया और मेरे सिंहासन पर कब्जा कर लिया तो मैं क्या करूँगा? इंद्र इस बात पर भी निश्चित नहीं थे कि अगर ऐसा कुछ हुआ तो वह बलि को हरा पाएँगे या नहीं।

जैसा कि भय था, समय बीतने के साथ ही बलि में परिवर्तन आ गया। वह अहंकारी हो गया। अब वह दमनकारी कार्य करने लगा। तब भगवान् विष्णु ने उसे ऐसा सबक सिखाने का निर्णय किया, जिसे वह कभी नहीं भूले।

यह बात सबको पता थी कि बलि जब यज्ञ करता है, तब अगर उससे कोई कुछ माँगे तो वह उसे मना नहीं करता। इसलिए विष्णु ने एक बौने वामन का रूप धारण किया और बलि के यज्ञ के दौरान वहाँ पहुँच गए।

जब बलि ने बौने को अपनी ओर आते देखा तो वह खड़ा हो गया और उन्हें बैठने का स्थान दिया।

बौने वामन ने कहा, "महाराज बलि, मैंने सुना है कि आप बहुत उदार हैं। अत:

मैं आपसे कुछ माँगने आया हूँ।"

बलि ने पूछा, "नन्हे वामन, आपको क्या चाहिए? आप जो माँगना चाहते हैं, माँगिए। यदि वह मेरे लिए संभव होगा तो मैं अवश्य दूँगा।"

"मेरा अनुरोध बहुत छोटा है; किंतु आपको वचन देना होगा कि आप मुझे वह देंगे।"

बलि मुसकराया, "मैं वचन देता हूँ।"

वामन ने विनम्रता से कहा, "ऐसी स्थिति में मैं तीन पग भर पृथ्वी चाहता हूँ और मेरा हर पग मेरे एक पाँव के बराबर का होगा।"

बलि हँसने लगा और कई मिनट तक हँसता रहा। इतनी कम भूमि की माँग की बात ही उसे अपने आप में बहुत हास्यास्पद लगी। उसने कहा, "हे वामन! कुछ और माँगो। कुछ ऐसा माँगो, जो एक राजा से माँगने योग्य हो।"

वामन विनम्रता से झुका और कहा, "मैं जानता हूँ कि आप एक उदार व्यक्ति हैं, किंतु मैं अपनी भी सीमा जानता हूँ। यदि यह आप जैसे राजा के लिए बहुत ही तुच्छ है तो कृपया मुझे क्षमा कर दें।"

बलि के गुरु शुक्राचार्य, जो इस पूरे घटनाक्रम को ध्यान से देख रहे थे, समझ गए कि कहीं कुछ गड़बड़ है और यह वामन जो दिख रहा है, वह वास्तव में कोई और है। उन्होंने बलि को बुलाया और कहा, "हे राजन्, इस वामन की बात मत मानिए। दाल में कुछ काला है और मुझे चिंता हो रही है। हो सकता है कि यह देवताओं की कोई चाल हो, जो आप से सीधे मुकाबला करने से डरते हैं। आपका गुरु और शुभचिंतक होने के नाते मैं सलाह देता हूँ कि इसमें न फँसें।"

राजा बलि ने कहा, "गुरुवर, मैं इस वामन को वचन दे चुका हूँ और ऐसे में मुझे इसकी माँग पूरी करनी पड़ेगी। वैसे भी, इस जैसा एक बौना मेरे जैसे शक्तिशाली राजा का क्या बिगाड़ सकता है!"

यह कहते हुए बलि वामन की ओर मुड़ा, जो चुपचाप धैर्यपूर्वक उसकी प्रतीक्षा कर रहा था। पास ही खड़ी बलि की पत्नी ने भी सिर हिलाकर जता दिया कि इस मामले में उसकी भी वही राय है, जो उसके पति की है।

वामन ने पूछा, "क्या मैं पहला पग उठा सकता हूँ?"

बलि ने कहा, "अवश्य!"

प्राचीन काल में ऐसी प्रथा थी कि दानदाता अपनी अंजुलि में पानी लेकर उसे धरती माता को अर्पित करता था। यह इस बात का प्रतीक था कि दानदाता अपने

पूरे हृदय से और धरती माता को प्रमाण मानकर दान कर रहा है। दान देने का वास्तविक कार्य इस रस्म के पूरा होने के बाद ही किया जा सकता था। इसलिए बलि के पास जल का पात्र लाया गया और उसने अंजुलि में जल लेकर उसे धरती माता को अर्पित किया।

वामन ने एक पाँव उठाया और पहला पग रखने को तैयार हुए। वहाँ उपस्थित हर किसी की आँखें फटी-की-फटी रह गईं। वह बौना नहीं रह गया। उसका आकार बढ़ता ही गया और इतना बढ़ गया कि उसका सिर बादलों को पार कर गया। उसके पैर इतने बड़े हो गए कि एक पग में उसने पूरी पृथ्वी नाप ली।

वामन ने घोषणा की, "पृथ्वी मेरी हुई।" और पुन: उसने बौने का आकार ले लिया।

बलि भौंचक रह गया। उसने जो कुछ जीता था, सब खो बैठा। उसके गुरु ने सही आशंका व्यक्त की थी। वामन कोई सामान्य बौना नहीं था। अचानक बलि के मस्तिष्क में यह बात कौंधी, 'हो सकता है कि ये विष्णु हों।'

वामन ने पूछा, "ओ महाबली, मैं अपना दूसरा पग कहाँ रखूँ?"

बलि ने कहा, "आकाश में।" इस बार भी उन्होंने पानी के पात्र से अंजलि में पानी लिया और धरती माता को अर्पित कर दिया।

वामन ने फिर अपना आकार बढ़ाया और अगले पग में पूरे आकाश को नाप लिया। अब राजा के पास देने को कुछ भी नहीं रह गया था।

वामन फिर अपने बौने आकार में आ गया और बलि की ओर देखा। उसने पूछा, "अब तीसरे पग का क्या करूँ?"

इस बार गुरु शुक्राचार्य अपने को नहीं रोक पाए। उन्होंने एक मच्छर का रूप ले लिया और पानी के पात्र में प्रवेश कर गए। उन्होंने पात्र के मुहाने पर जाकर उसे इस तरह रोक दिया कि झुकाने के बाद भी उससे पानी बाहर नहीं जा सके।

राजा बलि को अपने गुरु के इस प्रयास का पता नहीं था। उन्होंने सिर झुकाया और कहा, "भगवन्, अब यह स्पष्ट है कि आप विष्णु के अलावा और कोई नहीं हैं। आप वराह के तौर पर पहले मेरे पूर्वज हिरण्याक्ष के समक्ष प्रकट हुए थे और उसके बाद मेरे परदादा हिरण्यकशिपु के समक्ष आए थे और मेरे दादा प्रह्लाद के समक्ष नृसिंह के रूप में प्रकट हुए थे।

"कच्छप बनकर आपने समुद्र-मंथन में सहायता की थी। अब मेरे समक्ष वामन के रूप में आकर आपने मुझे धन्य कर दिया। मेरा परिवार भाग्यशाली है कि

आपने हमें चार बार दर्शन दिए। क्या अब मैं आपसे तीसरे और अंतिम पग के रूप में अपना चरण मेरे सिर पर रखने का अनुरोध कर सकता हूँ?"

यह कहते हुए बलि ने पात्र से जल लेने का प्रयास किया, किंतु शुक्राचार्य ने जल का प्रवाह रोक दिया था।

चतुर वामन ने एक पतली सींक ली और जहाँ मच्छर ने जल प्रवाह रोक दिया था, उस स्थान पर कोंच दिया। सींक शुक्राचार्य की आँख में जा घुसी और पीड़ा से छटपटाकर मच्छर जल पात्र से बाहर निकल आया। तुरंत पात्र से पानी की धारा निकल आई और उस दिन से शुक्राचार्य की एक ही आँख रह गई।

अब वामन ने अपना पैर असुरराज बलि के सिर पर रखा और उसे पाताल में धकेल दिया, इस तरह उसे पृथ्वी से बाहर कर दिया।

सबकुछ शांत होने के बाद वामन ने बलि से कहा, "मुझे पता है कि तुम उन श्रेष्ठ और विशाल हृदयवाले राजाओं में हो, जिसे कहीं की भी प्रजा चाहेगी, किंतु तुम्हारी आज जो हालत हुई है, उसके लिए तुम्हारा अहंकार कारण है। फिर भी, मैं तुम्हारी उदारता और वचन निभाने की तुम्हारी प्रतिबद्धता से प्रभावित हूँ। इसलिए मैं तुम्हें कोई वरदान देना चाहता हूँ। कहो, क्या चाहते हो?"

बलि मुसकराया, "मैं कुछ भी नहीं चाहता, प्रभु। मेरे लिए आपकी उपस्थिति और आपके उपदेश ही अपने आप में वरदान हैं। बड़े-बड़े ऋषि-मुनि और भक्त आपकी एक झलक पाने के लिए पूरा जीवन लगा देते हैं। मैं निश्चित रूप से भाग्यवान् हूँ। किंतु यदि आप वास्तव में मुझे कुछ वरदान देना चाहते हैं तो मुझे वर्ष में एक बार अपने राज्य की यात्रा करने की अनुमति दे दीजिए, ताकि मैं अपनी प्रजा के समाचार जान सकूँ। मुझे इससे अधिक कुछ नहीं चाहिए।"

विष्णु बलि की इतनी छोटी सी माँग से आश्चर्य में पड़ गए और उसकी इच्छा स्वीकार कर ली। इसके बाद उन्होंने कहा, "हे बलि, मैं तुम्हें एक वरदान देना चाहता हूँ। यह जानते हुए भी कि इसके कितने गंभीर परिणाम होंगे, तुमने बड़े सम्मान के साथ मुझे अपने सिर पर पाँव रखने को कहा। आज से मैं पाताल में तुम्हारा प्रहरी रहूँगा। इससे लोगों को समझ आएगा कि अगर किसी की भक्ति सच्ची है तो मैं उसका सेवक भी बन सकता हूँ।"

बलि प्रसन्नता से नतमस्तक हो गया।

तब से आज तक केरल में ओणम त्योहार मनाया जाता है और कहा जाता है कि इस दिन बलि पृथ्वी पर आता है और अपनी प्रजा को देखने के लिए अपने राज्य की यात्रा करता है।

परशुराम

बहुत समय पहले की बात है। प्रकांड विद्वान् और उग्र स्वभाव के एक ऋषि थे। उनका नाम जमदग्नि था। वे एक घने वन में एक छोटी सी कुटिया में रहते थे और बहुत ही साधारण जीवन व्यतीत करते थे।

राजकुमारी रेणुका अपने पिता के राज्य की राजधानी में स्थित राजमहल में अनेक सुख-सुविधाओं के साथ रहती थी। रेणुका अत्यंत सुंदरी और बुद्धिमती थी। एक दिन वह और उसकी कुछ सहेलियाँ उस वन में गईं, जहाँ ऋषि जमदग्नि रुके हुए थे। जैसा कि नियति ने तय कर रखा था, रेणुका उस ऋषि से उस कुटिया में मिली, जहाँ वे किसी यात्रा के संबंध में आए थे। ऋषि के चेहरे पर किसी तरह की चमक नहीं थी, किंतु फिर भी, उनके चेहरे पर जो शांति और संतोष था, उससे राजकुमारी आकर्षित हुई।

रेणुका ऋषि के चेहरे से अपनी दृष्टि नहीं हटा पा रही थी। वह राजमहल में वापस लौटी और अपने पिता से कहा कि वह जमदग्नि से विवाह करना चाहती है।

रेणुका के पिता ने अपनी पुत्री की इच्छा के बारे में बताते हुए ऋषि के पास संदेश भेजा; किंतु जमदग्नि ने विवाह का प्रस्ताव ठुकरा दिया। उन्होंने कहा, "मैं एक ऋषि हूँ और वन में बहुत ही कम सुख-सुविधाओं के साथ रहता हूँ। मैंने अपने को अध्यात्म और दर्शन से जोड़ लिया है। रेणुका एक सुंदर राजकुमारी है और वह सुख-सुविधाओं से भरा जीवन जीने की अभ्यस्त है। वह मेरी तरह के जीवन से तालमेल नहीं बिठा पाएगी।"

किंतु राजकुमारी रेणुका अपनी बात पर अड़ी रही। वह स्वयं ऋषि से मिलने चली गई, ताकि उन्हें विवाह के लिए मना सके। राजकुमारी ने ऋषि से कहा, "मैं पूरी तरह आश्वस्त हूँ कि मैं आपको अपने जीवनसाथी के रूप में चाहती हूँ और अपने को आपके अनुरूप ढालने को तैयार हूँ।"

ऋषि ने कहा, "रेणुका, मैं नहीं चाहता कि तुम्हें बाद में अपने निर्णय पर पछतावा हो और तुम्हारे मन में उन सुख-सुविधाओं की लालसा उत्पन्न हो। उससे तुम फिर उन्हीं सुख-सुविधाओं को वापस पाने का प्रयास करने लगो। मुझे डर है

कि फिर कहीं मुझे क्रोध आ गया तो मैं तुम्हें कोई ऐसा श्राप न दे बैठूँ कि तुम्हारा पूरा जीवन नरक बन जाए।"

राजकुमारी ने कहा, "मैं वचन देती हूँ कि विवाह हो जाने के बाद मैं अपना पिछला जीवन पूरी तरह भूल जाऊँगी और कभी उसके बारे में सोचूँगी भी नहीं।"

वह अपने निश्चय पर अड़ी रही और अंत में जमदग्नि मान गए।

शीघ्र ही दोनों का विवाह हो गया। रेणुका अपने पति की तरह ही साधारण जीवन व्यतीत करने लगी। बाद में उनके अनेक संतानें हुईं, जिनमें से सबसे बड़ी संतान का नाम परशुराम था। वह एक आज्ञाकारी पुत्र थे और अपने माता-पिता के प्रति पूरी तरह समर्पित; किंतु उन्हें क्रोधी स्वभाव अपने पिता से मिला था।

एक दिन रेणुका पास ही नदी से पानी लेने गई थी और वहाँ उसने एक गंधर्व एवं अप्सरा को प्रणय-क्रीड़ा करते हुए देखा। कुछ क्षण के लिए वह विवाह से पहले दिया गया अपना वचन भूल गई और उस जोड़े, उनके प्रणय-निवेदन और उनकी सुख-सुविधाओं के प्रति उसके मन में ईर्ष्या पैदा हुई।

जब तक रेणुका घर पहुँची, तब तक ऋषि जमदग्नि को अपनी आध्यात्मिक शक्तियों से पता चल चुका था कि उसने अपना वचन तोड़ा है। उन्होंने क्रोधित होते हुए कहा, "रेणुका, मैंने तुम्हें पहले ही चेतावनी दी थी। इसका दंड क्या होगा, तुम जानती हो? क्यों···क्यों तुमने मुझसे विवाह किया था?"

क्रोध में ही जमदग्नि ने अपने पुत्रों को एक-एक करके आदेश दिया कि वे अपनी माता को मार डालें, किंतु उन सभी ने मना कर दिया।

परशुराम तभी घर पहुँचे थे और उन्हें समझ आ गया कि घर में किसी बात को लेकर तनाव है। उन्होंने पिता से पूछा, "क्या हुआ, पिताश्री?"

ऋषि ने पलटकर पूछा, "पुत्र, क्या तुम मेरी सहायता करोगे?"

"क्यों नहीं, मैं वचन देता हूँ कि आप जो करने को कहेंगे, मैं करूँगा।"

ऋषि ने कहा, "तो फिर अपनी माता को मार डालो।"

परशुराम ने अनिच्छा से सिर हिलाया और अपने पिता की आज्ञा का पालन कर डाला।

इसके बाद जमदग्नि ने कहा, "मेरे पुत्र, मैं समझ सकता हूँ कि यह कार्य तुम्हारे लिए कितना कठिन था! तुम्हें जो चाहिए, माँगो। मैं दूँगा।"

परशुराम ने तुरंत कहा, "मेरी माता के प्राण वापस ला दीजिए और उनके मस्तिष्क-पटल से इस घटना की स्मृति को मिटा दीजिए। मुझे बस यही चाहिए।"

जमदग्नि मुसकराए और रेणुका को जीवित कर दिया।

वर्षों बाद जब जमदग्नि तपस्या कर रहे थे, तब उस प्रदेश का राजा कार्तवीर्य अर्जुन उनके आश्रम में आया। कार्त अर्जुन अपने क्रूर स्वभाव के लिए जाना जाता था; किंतु यह जानते हुए भी ऋषि ने उसका और उसके साथ आए लोगों का स्वागत किया।

अर्जुन को एक ऋषि के आश्रम में इतनी संपन्नता देखकर आश्चर्य हुआ। उसने पूछा, "आपने हमारा इतना भव्य स्वागत कैसे किया?"

"वास्तव में मुझे एक अद्‌भुत गाय नंदिनी मिली है, जो देवलोक की गाय कामधेनु की पुत्री है। हमें जो आवश्यकता होती है, वह हमें दे देती है। किंतु हम उसका अपनी नित्य की आवश्यकताओं के लिए उपयोग नहीं करते। ऋषि होने के नाते मैं और मेरा परिवार बहुत साधारण जीवन व्यतीत करते हैं। हमारे पास कोई संपत्ति नहीं है। हम कुछ एकत्र भी नहीं करते और केवल वही वस्तु खरीदते हैं, जो बहुत आवश्यक है। किंतु जब आप जैसे अतिथि आते हैं, मैं नंदिनी से कहता हूँ कि वह उनकी इच्छा पूरी कर दे। मेरी कुटिया में अगर ऐसा कुछ है, जो आपको प्रशंसनीय लग रहा है तो वह मेरा नहीं, नंदिनी का आपको दिया हुआ उपहार है।"

राजा ने कहा, "अरे वाह! यह तो बहुत अच्छा है।" किंतु उसके मन में ईर्ष्या हुई। उसने सोचा, यह गाय मेरे पास होनी चाहिए। युद्ध के समय यह मेरी सेना के काम आएगी।

अर्जुन ने ऋषि से कहा, "आप नंदिनी मुझे दे देंगे? बदले में आप जो चाहेंगे, मैं आपको दूँगा।"

जमदग्नि ने मना करते हुए कहा, "राजन्, नंदिनी का उपयोग भौतिक लाभ के लिए नहीं किया जा सकता। वह केवल ऋषि के आश्रम में रहने के लिए ही है।"

राजा अप्रसन्न होकर अपने महल लौट गया। महल में पहुँचकर उसने अपने परिवार को उस अद्‌भुत गाय के बारे में बताया। उसके सेनापति, दरबारियों और पुत्रों ने तय किया कि किसी भी मूल्य पर वे उस गाय को लेकर आएँगे।

राजा की सेना ने आश्रम पर आक्रमण कर दिया और गाय को बलात् वहाँ से ले गए। जब जमदग्नि ने सैनिकों को रोकने का प्रयास किया तो उन्होंने ऋषि को मार डाला।

परशुराम उस दिन आश्रम से बाहर गए थे। लौटकर आने पर उन्होंने देखा कि उनकी माता और भाई गहरे शोक में डूबे हुए हैं। जब उन्हें पूरी घटना का पता चला तो उन्होंने अपने शक्तिशाली फरसे से कार्तवीर्य अर्जुन और उसकी तरह के

अन्य अहंकारी व क्रूर राजाओं का वध कर अपने पिता की मृत्यु का बदला लेने की प्रतिज्ञा की।

उस दिन से वे 'परशुराम' कहलाए। उनका यह नाम 'परशु' या 'फरसा' के नाम पर पड़ा। उन्होंने सोलह बार विश्व पर विजय प्राप्त की और विजय से प्राप्त भूमि एवं कोष ऋषि-मुनियों को दे दिया।

विष्णु के अवतार परशुराम एक अन्य अवतार श्रीराम से सीता के स्वयंवर में मिले। सीता के स्वयंवर में शिव धनुष को उठाकर उस पर प्रत्यंचा चढ़ाने की शर्त थी। जब राम ने उस धनुष को तोड़ दिया, तब परशुराम समझ गए कि अवतार के रूप में उनका समय समाप्त हो गया है और वे महेंद्र पर्वत पर ध्यान लगाने के लिए चले गए।

कल्कि

माना जाता है कि कल्कि भगवान् विष्णु अंतिम अवतार होंगे। जब विश्व में पाप का बोझ पुण्य से कहीं अधिक हो जाएगा, तब भगवान् विष्णु श्वेत अश्व पर तलवार लहराते हुए आएँगे। वे उस युग के अंधकार को पूरी तरह समाप्त कर देंगे और एक नई शुरुआत करेंगे। इस अवतार ने अब तक जन्म नहीं लिया है।

□

तीन नश्वर जीवन

वैकुंठ में विष्णु के आवास की पहरेदारी दो यक्ष—जय और विजय किया करते थे। दोनों अपने कार्य के प्रति पूरी तरह समर्पित थे और उन्हें अपने कार्य पर गर्व था, क्योंकि वह अपने भगवान् को प्रतिदिन और प्राय: जब वे चाहें, तब देख सकते थे।

अब ब्रह्माजी ने एक विशेष तरह के प्राणी बनाए और उन्हें 'सनत कुमार' कहा। वे कुमार बहुत विद्वान् और पवित्र हृदय के थे। वे बहुत शक्तिशाली और परिपक्व भी थे; किंतु इस सब के बावजूद वे आकार में छोटे थे और किसी बालक की तरह दिखते थे।

एक दिन चार कुमार विष्णु के द्वार पर पहुँच गए। जय और विजय ने उन्हें यह सोचकर टोका कि वे छोटे बालक हैं, "तुम अभी अंदर नहीं जा सकते। प्रभु विश्राम कर रहे हैं।"

उनके इस व्यवहार से चारों कुमारों को बहुत आश्चर्य हुआ, लेकिन उन्होंने धैर्यपूर्वक कहा, "हम भगवान् के परम भक्त हैं। हम उनका आदर करते हैं और हमें पता है कि उन्हें अपने भक्तों से किसी भी समय मिलने में दिक्कत नहीं होती। कृपया उन्हें जाकर बताइए कि हम उनसे मिलने आए हैं।"

जय और विजय ने दृढ़ता से कहा, "हमें खेद है कि हमारे पास ऐसा कोई निर्देश नहीं है कि आप लोगों को अंदर जाने दिया जाए।"

दोनों पक्षों में तर्क-वितर्क बढ़ने लगा और फिर तीखी बहस में बदल गया।

बहस बढ़ने के बीच जय और विजय ने चिल्लाकर कहा, "आप अभी बालक हैं! आप कौन होते हैं यह बतानेवाले कि हमें क्या करना चाहिए?"

इतना सुनते ही कुमारों का धैर्य जवाब दे गया। उन्होंने दोनों प्रहरियों को श्राप दिया, "विष्णु के प्रहरी होने का आप लोगों को इतना अहंकार हो गया है। इस अहंकार के कारण ही आपने हमसे इस तरह का व्यवहार किया है। आप लोग पृथ्वी पर नश्वर प्राणी की भाँति जन्म लेंगे और विष्णु से बहुत दूर रहेंगे।"

अचानक द्वार खुला और शोरगुल सुनकर भगवान् विष्णु बाहर आ गए। वे कुमारों को पहचान गए और उन्हें देखते ही पूरा मामला समझ गए।

उन्होंने प्रहरियों से पूछा, "आपने इन्हें अंदर क्यों नहीं आने दिया? मेरे लिए बहुत सम्मान की बात है कि ये महान् संत मेरे घर आए हैं।"

जय और विजय को अपनी भूल समझ में आ गई। वे कुमारों के पैरों पर गिर पड़े और गिड़गिड़ाने लगे, "हमें क्षमा कर दें। हमें श्राप से बचा लें।"

कुमारों ने कहा, "एक बार श्राप देने के बाद उसे वापस नहीं लिया जा सकता।" फिर कुछ क्षण रुकने के बाद उन्होंने कहा, "लेकिन हम आपको दो में से एक को चुनने का अवसर दे सकते हैं—आप भगवान् के मित्र के रूप में सात बार पृथ्वी पर जन्म लें और वहाँ सात जीवनकाल बिताएँ या आप तीन बार पृथ्वी पर जन्म लें और अपना पूरा जीवन उनके शत्रु के रूप में बिताएँ और आपकी मृत्यु उनके हाथों ही होगी।"

जय और विजय ने एक-दूसरे की ओर देखा। उन्हें तुरंत समझ आ गया कि उनका क्या निर्णय होगा। उन्होंने नतमस्तक होकर कहा, "हम भगवान् से दूर रहकर सात जीवनकाल नहीं बिता सकते। अगर हमने उनके कट्टर शत्रु के रूप में जन्म लिया तो हम हर दिन और हर पल उन्हें याद करेंगे। हम उनके शत्रु के रूप में तीन जीवनकाल बिताने को तैयार हैं।"

विष्णु ने मुसकराकर कहा, "अहंकार का मूल्य चुकाना ही पड़ता है। मुझे लगता है कि आपको यह बात समझ आ गई होगी। आपका दंड अभी से शुरू होता है।"

हिरण्याक्ष और हिरण्यकशिपु

जय और विजय का जन्म कश्यप मुनि के पुत्र हिरण्याक्ष और हिरण्यकशिपु के रूप में हुआ। दोनों भाई अत्यंत बलशाली और अपने-अपने राज्य के राजा थे। उनके दु:साहस और क्रूरता के किस्से दूर-दूर तक फैले हुए थे। वे भगवान् विष्णु

से बहुत घृणा करते थे और उनकी प्रबल इच्छा थी कि वे विष्णु का विनाश करें। इसीलिए वे प्राय: भगवान् विष्णु के भक्तों का उत्पीड़न किया करते थे।

उनके अत्याचारों से लोग त्राहि-त्राहि करने लगे। उन्होंने विष्णु से गुहार लगाई, "हे भगवान्! आप हमें दयालु, पवित्र हृदय और दूसरों की सहायता करने की शिक्षा देते हैं; किंतु असुर आपके बताए रास्ते पर कदापि नहीं चलते। वे हमारा उत्पीड़न करने का कोई अवसर नहीं चूकते और हम लगातार आतंकित रहते हैं। आप हमारी सहायता कीजिए।"

विष्णु मुसकराए और कहा, "घबराओ मत, मैं देखता हूँ।"

अगली बार जब पीली आँखोंवाले हिरण्याक्ष ने अपने सैनिकों को लोगों के घर लूटने का आदेश दिया, तब विष्णु एक जंगली सुअर (वराह) का अवतार धारण कर पृथ्वी पर आए और सैनिकों को लोगों के घरों में घुसने से रोक दिया।

जब हिरण्याक्ष को यह पता चला तो वह अचंभित रह गया, "यह बड़ी ही अजीब बात है! आखिर एक जंगली सुअर मेरे सैनिकों को कैसे रोक सकता है?"

उसने वराह को परास्त करने के लिए बड़ी और शक्तिशाली सेना भेजी। वराह जब हिरण्याक्ष की सेना का सफाया कर रहा था, तब राक्षस ने भू देवी का अपहरण कर लिया और पृथ्वी को अपने कब्जे में लेने के प्रयास में उसने भू देवी को समुद्र में छुपा दिया।

भू देवी का रुदन सुनकर विष्णु—जो तब भी वराह के अवतार में थे—उन्हें बचाने के लिए दौड़े। अस्त्र-शस्त्र से लैस हिरण्याक्ष और निहत्थे वराह में कई दिनों तक लड़ाई चली, किंतु अंतत: वराह ने हिरण्याक्ष को मार डाला और भू देवी को उसकी पकड़ से रिहा कराकर संसार को उस राक्षस के अत्याचारी शासन से मुक्ति दिलाई।

इस तरह विष्णु ने वराह के अवतार में जन्म लेने की अपनी भविष्यवाणी को सही साबित किया। चारों ओर लोगों ने राहत की साँस ली। वे प्रसन्न और संतुष्ट थे कि उन्हें हिरण्याक्ष के अत्याचारों से मुक्ति मिली; किंतु हिरण्यकशिपु अभी जीवित था।

हिरण्याक्ष की मृत्यु के समय हिरण्यकशिपु राज्य से बाहर गया हुआ था। जब वह वापस आया और उसे अपने भाई की स्थिति के बारे में जानकारी मिली तो वह तुरंत देवलोक की ओर रवाना हो गया और ब्रह्माजी को प्रसन्न करने के लिए कठोर तपस्या शुरू कर दी।

हिरण्यकशिपु की कठोर तपस्या से प्रसन्न होकर ब्रह्माजी प्रकट हुए और पूछा,

"प्रिय भक्त, क्या चाहते हो?"

लगभग प्रत्येक असुर की तरह ही हिरण्यकशिपु ने कहा, "मैं अमर होना चाहता हूँ।"

सदैव की तरह ब्रह्माजी ने इस बार भी मना कर दिया।

हिरण्यकशिपु ने कहा, "ठीक है, तब मुझे वरदान दीजिए कि मैं न तो किसी मनुष्य के हाथों मारा जाऊँ और न ही किसी पशु के। मेरी मृत्यु न तो प्रातः हो और न ही रात में, न तो घर के बाहर हो और न ही अंदर।"

ब्रह्मा ने कहा, "तथास्तु!"

उसकी गंभीरता से प्रसन्न होकर ब्रह्माजी हिरण्यकशिपु की पत्नी कयाधु के समक्ष प्रकट हुए, जो उस समय गर्भवती थी। कयाधु एक दयालु और धर्मपरायण स्त्री थी। वह अपने पति के कामकाज की शैली को पसंद नहीं करती थी और उससे हमेशा अनुरोध करती थी कि वह अपनी प्रजा को न सताए।

एक दिन जब हिरण्यकशिपु किसी अन्य राज्य पर अधिकार करने के लिए अपनी राजधानी से दूर गया था, तब इंद्र ने उसके राज्य पर आक्रमण कर दिया।

कयाधु के पास भागने के अलावा कोई और उपाय नहीं था। रास्ते में उसकी भेंट नारद मुनि से हुई। उन्हें उसकी स्थिति पर तरस आ गया। उन्होंने उसे स्थिति सुधरने तक अपने आश्रम में रहने का प्रस्ताव दिया। आश्रय मिलने से कयाधु बहुत कृतज्ञ थी।

नारद मुनि भगवान् विष्णु के परम भक्त थे, इसलिए उनके आश्रम में हमेशा श्रीविष्णु की स्तुति होती थी।

कयाधु के गर्भ में पल रहा शिशु यह सब सुन रहा था। साथ ही वह वे कथाएँ भी सुन रहा था, जो भगवान् विष्णु का यशोगान करते हुए सुनाई जाती थीं। जब तक शिशु का जन्म हुआ, तब तक वह विष्णु का भक्त बन चुका था। नारद मुनि ने नवजात शिशु का नाम 'प्रह्लाद' रखा।

इस बीच हिरण्यकशिपु ने अनेक राज्यों पर अधिकार कर लिया और विजयी होकर अपने राज्य में लौटा। अपने राज्य में आकर उसे पता चला कि इंद्र ने उसका महल नष्ट कर दिया है और उसकी पत्नी नारद मुनि के आश्रम में रह रही है। वह अपनी पत्नी और पुत्र को लेने नारद मुनि के आश्रम को रवाना हो गया। नारदजी का आभार व्यक्त करने के बाद वह अपनी पत्नी और पुत्र को लेकर राजधानी लौट आया।

हिरण्यकशिपु देवताओं से बहुत क्षुब्ध था और श्रीविष्णु के विरुद्ध उसके मन में बदला लेने की भावना बहुत प्रबल हो गई। उसने सोचा, मेरी अनुपस्थिति में मेरी राजधानी और मेरे महल को नष्ट करने का साहस इंद्र में विष्णु के समर्थन से पैदा हुआ होगा। विष्णु मेरा शत्रु है और आज के बाद मैं अपने राज्य में किसी को भी उसका नाम नहीं लेने दूँगा।

दिन बीतते गए। प्रह्लाद एक प्यारे से खिलखिलाते बालक के रूप में बढ़ रहा था। वह श्रीविष्णु का भक्त था और जाप करता था, "विष्णु श्रेष्ठ देवता हैं।"

जब वह गुरुकुल गया, तब हिरण्यकशिपु के निर्देश पर उसके गुरु ने बहुत प्रयास किया कि वह विष्णु का जाप न करे, किंतु प्रह्लाद मुसकरा देता और कहता, "यह सत्य नहीं है।" कोई कुछ भी कहता रहे, पर वह केवल वही दोहराता रहता था, जो उसने नारद के आश्रम में माता के गर्भ में रहने के दौरान सीखा था।

एक बार जब प्रह्लाद गुरुकुल से घर वापस आया तो उसके पिता ने प्यार से उसे गोद में लेकर पूछा, "पुत्र, तुमने गुरुकुल में बहुत सी बातें सीखीं होंगी। हमें भी बताओ, तुमने क्या सीखा?"

"पूज्य पिताजी, भगवान् विष्णु सर्वशक्तिमान हैं। वे दयावान् व क्षमाशील हैं और हमें भी वैसा ही बनना चाहिए। यदि आप उनमें विश्वास रखेंगे तो आपका जीवन-पथ सरल हो जाएगा।"

हिरण्यकशिपु ने जो कुछ सुना, उससे वह क्रोध में उन्मत्त हो गया और प्रह्लाद को जमीन पर पटक दिया। चीख-पुकार सुनकर कयाधु दौड़ती हुई आई और यह देखकर चौंक गई कि उसके पति का चेहरा क्रोध से लाल हो रहा है।

प्रह्लाद पिता के इस व्यवहार से परेशान नहीं हुआ। वह खड़ा हुआ और हाथ जोड़कर जपना शुरू कर दिया, "ओम नारायण!"

हिरण्यकशिपु ने अपने पुत्र के गुरुओं को बुलवा भेजा और उनसे पूछा, "आप लोग मेरे छोटे से पुत्र को क्या सिखा रहे हैं? आप लोगों में से ही कोई उसके म स्तिष्क में ऐसी बातें भर रहा है। आप लोगों का साहस कैसे हुआ कि आपने उसे मेरे कट्टर शत्रु के नाम का जाप करना सिखा दिया? बताइए, कौन इसका दोषी है? उसे कठोर दंड दिया जाएगा।"

भयभीत गुरुओं ने कहा, "नहीं राजन्, हमने कभी भी उसे विष्णु के बारे में कुछ नहीं सिखाया। वास्तव में, वही हमें सिखाता है। वैसे सच्चाई यह है कि वह बहुत अच्छा बालक है और हमने कभी नहीं देखा कि उसने अपने राजकुमार होने

का किसी तरह कोई लाभ उठाया हो या कोई अनुचित व्यवहार किया हो। वह सभी विषयों की पढ़ाई उतने ही लगन से करता है और हमें उससे कोई शिकायत नहीं है। बस, हमारी एक ही शिकायत है कि जब विष्णु की बात आती है तो वह हमारी कोई बात नहीं सुनता। अन्य सब में तो वह बिल्कुल ठीक है।"

हिरण्यकशिपु शांत हुए और कुछ देर सोचा। फिर उन्होंने निर्णय किया कि वे प्रह्लाद के गुरुओं को एक अवसर और देंगे कि वे उसके मन से विष्णु का विचार निकाल सकें।

समय बीतता चला गया, किंतु कुछ नहीं बदला और हिरण्यकशिपु अपना धैर्य खोने लगा, "मेरा अपना पुत्र कैसे दिन-रात मेरे कट्टर शत्रु का नाम जप सकता है? यदि मेरी प्रजा को इस बात का पता चल गया तो उनके मन में मेरे प्रति आदर नहीं रह जाएगा। मुझे प्रह्लाद को सबक सिखाना ही पड़ेगा।"

बाद में जब प्रह्लाद अपने पिता से मिलने आया, तब हिरण्यकशिपु ने कहा, "विष्णु पर तुम्हारे अगाध विश्वास को देखते हुए मुझे तुम्हें दंड देना ही होगा। मैं तुम्हें इसलिए नहीं छोड़ सकता कि तुम मेरे पुत्र हो। तुम बिल्कुल गलत हो, प्रह्लाद। विष्णु सर्वशक्तिमान नहीं है और न ही वह तुम्हारी रक्षा के लिए आएगा।"

प्रह्लाद ने शांतचित्त से कहा, "आपको मेरे साथ जो करना है, कीजिए पिताजी, किंतु मुझे इतना पता है कि भगवान् विष्णु मेरी रक्षा करेंगे।"

"मेरे सैनिक तुम्हें पास के पहाड़ पर ले जाएँगे और उसकी सबसे ऊँची चोटी से नीचे फेंक देंगे।"

हिरण्यकशिपु को पूरा विश्वास था कि ऊँचे पहाड़ के ऊपर से फेंक देने के विचार मात्र से प्रह्लाद डर जाएगा और वह विष्णु के प्रति अपनी भक्ति छोड़ देगा।

जो कुछ हो रहा था, उसे देखकर माता कयाधु व्याकुल हो गई। वह रोने लगी और अपने पति से कहा, "आप इतने निर्दयी कैसे हो सकते हैं? वह तो मात्र एक बालक है, आपका पुत्र।"

हिरण्यकशिपु ने कभी अपनी पत्नी की किसी बात पर ध्यान नहीं दिया था। फिर भी, उसने कयाधु को सांत्वना देते हुए कहा, "मैं भी अपने पुत्र को उतना ही प्रेम करता हूँ, जितना कि तुम करती हो; किंतु एक बार वह ऊँचे पहाड़ से नीचे देखेगा तो समझ जाएगा कि मैं ही सबकुछ को नियंत्रित करता हूँ। उसे समझना होगा कि उसके विचार मेरी तरह होने चाहिए। विष्णु मेरे प्रिय भाई की मृत्यु के लिए उत्तरदायी है। हमारे पुत्र को समझना होगा कि उसका जन्म असुर कुल में

हुआ है, जिसका अर्थ है कि विष्णु सदा हमारा शत्रु रहेगा।"

किंतु ऊँचे पहाड़ पर पहुँचकर भी प्रह्लाद शांत बना रहा और विष्णु के नाम का जाप करता रहा। कोई और चारा न देख सैनिकों ने राजा के आदेश का पालन करते हुए प्रह्लाद को ऊँची पहाड़ी से धक्का दे दिया, जहाँ से गिरकर किसी की भी मृत्यु निश्चित है। किंतु जब सैनिक पहाड़ से नीचे पहुँचे, तब उन्होंने देखा कि प्रह्लाद वहाँ सुरक्षित बैठा 'हरि ओम' का जाप कर रहा है।

जब हिरण्यकशिपु को यह पता चला तो वह गुस्से से पागल हो गया; जबकि कयाधु बहुत प्रसन्न थी कि उसका पुत्र बच गया। किंतु अगले ही पल उसकी प्रसन्नता गायब हो गई और वह चिंतित होकर सोचने लगी, 'अब राजा मेरे छोटे से पुत्र को क्या दंड देंगे?'

हिरण्यकशिपु ने सोचा, यह तो प्रह्लाद का भाग्य होगा कि वह किसी तरह बच गया। मुझे उसे कोई कड़ा दंड देने के बारे में सोचना होगा। फिर उसने घोषणा की, "प्रह्लाद को मेरे सामने पीने के लिए विष दिया जाएगा और तब देखते हैं कि उसके भगवान् उसे कैसे बचाते हैं!"

बेचारी माता कयाधु फूट-फूटकर रोने लगी।

जब विष पीने का समय आया, तब प्रह्लाद ने अपनी माता की ओर देखकर कहा, "माता, आप मेरे बारे में चिंतित न हों। इसकी कोई आवश्यकता ही नहीं है। भगवान् सदैव अपने भक्तों की सहायता करते हैं। आप जान लीजिए कि यह विष अमृत में बदल जाएगा।"

उसने ख़ुशी-ख़ुशी वह विष पी लिया।

सबकी आँखें ख़ुली-की-खुली रह गईं, जब उन्होंने देखा कि प्रह्लाद ने वह विष पानी की तरह पी लिया और उसे कुछ नहीं हुआ। प्रह्लाद फिर सुरक्षित बच गया।

उसके पिता हार मानने को तैयार नहीं थे। उन्होंने एक और क्रूर दंड ढूँढ़ निकाला—"इसे अग्नि में झोंक दो। अपने ही घर में इस तरह का एक शत्रु होने से बेहतर है कि मैं पुत्रहीन रहूँ।"

इस बार भी प्रह्लाद सुरक्षित बच निकला। उसे कुछ मामूली छाले पड़े।

हिरण्यकशिपु को समझ नहीं आ रहा था कि अब क्या करे? वह हताश और क्रोधित था। वह इस तथ्य को स्वीकार ही नहीं कर पा रहा था कि उसका अपना पुत्र ही उसके शत्रु का इतना बड़ा भक्त है।

एक दिन उसने देर रात प्रह्लाद को महल में बुलाया और उससे पूछा, "पुत्र,

बताओ, तुम्हारा भगवान् कहाँ है, जिसकी तुम हर समय पूजा करते रहते हो? उसे बुलाओ, मैं उसे देखना चाहता हूँ।"

प्रह्लाद ने मुसकराकर कहा, "पूज्य पिताजी, वह हर स्थान पर है। ऐसा कोई स्थान नहीं है, जहाँ वह नहीं है।"

हिरण्यकशिपु ने व्यंग्य करते हुए कहा, "अच्छा, ऐसा है!"

"जी पिताजी, ऐसा ही है।"

हिरण्यकशिपु ने व्यंग्य से कहा, "क्या वह इस द्वार में है? या इस झरोखे या उस दीवार में अथवा वह उस काष्ठ आसन में?"

"जी पिताजी, वे इन सभी स्थानों पर हैं, जो आपने बताए हैं।"

हिरण्यकशिपु ने गरजकर कहा, "अगर यह सही है तो फिर वह इस खंभे में भी होगा। कहो उससे, वह बाहर आए और मुझे अपना चेहरा दिखाए।"

अचानक घोर गर्जना के साथ वह खंभा फट गया। उसमें से जो बाहर आया, उसका चेहरा सिंह की तरह था, किंतु उसका शरीर मनुष्य की तरह था। वह विष्णु का नृसिंह अवतार था।

हिरण्यकशिपु ने उस प्राणी से लड़ने का प्रयास किया, किंतु वह भगवान् के सामने कैसे ठहर सकता था! नृसिंह ने उसे उठाया और घर की देहरी पर पहुँच गए। इस तरह हिरण्यकशिपु न तो घर के अंदर था और न ही घर के बाहर। उस समय न तो प्रात:काल था और न ही संध्या—वह गोधूलि वेला थी। सबकुछ ब्रह्माजी के वरदान के अनुरूप था और देखते-ही-देखते नृसिंह ने हिरण्यकशिपु को मार डाला।

महल में चारों ओर सन्नाटा छा गया।

नृसिंह प्रह्लाद के पास गए और वात्सल्यपूर्वक कहा, "वत्स, तुम पृथ्वी पर मेरे परम भक्तों में एक के रूप में याद किए जाओगे। लोग जब भी मेरा स्मरण करेंगे, साथ में तुम्हारा भी स्मरण करेंगे। इतनी बाधाओं के बाद भी तुमने मुझ पर विश्वास बनाए रखा। तुम बहुत ही पवित्र हृदय हो। तुम्हें वे सभी राज्य मिलेंगे, जिनके तुम अधिकारी हो। तुम उन पर समझदारी से शासन करना। तुम समृद्ध होगे और सबके प्रिय रहोगे। मैं हमेशा तुम्हारे साथ रहूँगा।"

इस तरह विष्णु के शत्रु के रूप में जय और विजय का पहला नश्वर जीवनकाल समाप्त हुआ।

रावण और कुंभकर्ण

हम सभी 'रामायण' महाकाव्य की कथा जानते हैं, जिसमें लंका के राजा रावण ने श्रीराम की पत्नी सीता का अपहरण किया था और इसके बाद दोनों में भयंकर युद्ध हुआ था। रावण का एक भाई था—कुंभकर्ण। वह अत्यंत बलशाली राक्षस था। वह लगातार छह महीने सोता था। जब युद्ध प्रारंभ हुआ तो रावण ने उसे नींद से जबरदस्ती जगाया और इस युद्ध में उसकी सहायता करने को कहा। कुंभकर्ण ने उसे युद्ध नहीं करने को कहा, किंतु रावण ने उसकी बात नहीं मानी और एक भाई होने के नाते कुंभकर्ण से सहयोग करने को कहा। अंततः उसे युद्ध के मैदान में जाना ही पड़ा, जहाँ वह विष्णु के अवतार श्रीराम के हाथों मारा गया। अंत में रावण स्वयं युद्ध के मैदान में आया और उसने भयंकर लड़ाई लड़ी; किंतु जैसा कि पहले से ही उसके भाग्य में लिखा था, वह श्रीराम के हाथों मारा गया।

इस तरह रावण और कुंभकर्ण के रूप में जय और विजय का विष्णु के कट्टर शत्रु के रूप में दूसरा नश्वर जीवनकाल समाप्त हुआ।

शिशुपाल और दंतवक्र

चेदि के राजा दमघोष और उनकी पत्नी श्रुतश्रवा के जब पुत्र हुआ तो वे बहुत दुःखी थे।

नवजात राजकुमार का नाम 'शिशुपाल' रखा गया। वह देखने में बहुत ही कुरूप था—उसके चार हाथ और तीन आँखें थीं। हर व्यक्ति उसे विरक्ति से देखता था। उसके माता पिता उसके भविष्य को लेकर चिंतित थे। उन्हें चिंता थी कि शिशुपाल बड़ा होकर राज कर पाएगा या नहीं।

कुछ सोच-विचार के बाद राजा ने पूरे राज्य से विद्वानों को यह विचार करने के लिए आमंत्रित किया कि इस बारे में क्या किया जा सकता है।

कुछ लोगों ने सलाह दी, "उसे वन में छोड़ दें। वह राज्य के लिए अपशकुन है।"

कुछ अन्य लोगों ने कहा, "उसे एक नाव में बैठाकर छोड़ दें और नाव जिधर बह जाए, बह जाने दें।"

कुछ ने यह भी कहा, "शिशु को किसी ऐसे व्यक्ति को दे दिया जाए, जो चुपचाप उसका पालन-पोषण कर दे।"

किंतु राजा या रानी दोनों में से किसी ने भी इन सुझावों को स्वीकार नहीं किया।

वह उनका पुत्र था और उन्हें प्यारा था, भले ही उसकी शक्ल-सूरत कैसी भी हो।

एक दिन एक बूढ़ा व्यक्ति बालक को देखने आया। उसने श्रुतश्रवा से कहा, "महारानी, धैर्य रखिए। आपका पुत्र सामान्य हो जाएगा। जब यह किसी विशेष व्यक्ति की गोदी में बैठेगा तो इसके अतिरिक्त हाथ और आँख गायब हो जाएगी। वह व्यक्ति अब तक महल में नहीं आया है।"

श्रुतश्रवा भाव-विभोर हो गईं।

इसके बाद बूढ़े व्यक्ति ने नजरें चुराते हुए कहा, "किंतु…"

चिंतित होकर श्रुतश्रवा ने कहा, "किंतु क्या?"

"वही व्यक्ति आपके पुत्र की मृत्यु का कारण भी बनेगा।"

रानी की आँखों में आँसू आ गए। उन्होंने कहा, "हम क्या कर सकते हैं? क्या इसे रोकने का कोई उपाय है?"

बूढ़े व्यक्ति ने धीरे से कहा, "मैं नहीं जानता, जब वह व्यक्ति आए, तब आप उससे ही पूछ लेना।"

अगले कुछ महीनों तक जो भी महल में आता, श्रुतश्रवा उसकी गोद में बालक को बिठातीं, किंतु कुछ नहीं हुआ। उसके अतिरिक्त हाथ और आँख वैसे ही बनी रही।

एक दिन श्रुतश्रवा के भानजे कृष्ण उनके यहाँ घूमने आए। श्रुतश्रवा ने तुरंत बालक को उनकी गोद में बिठा दिया। गोद में बैठते ही बालक के अतिरिक्त हाथ व आँख गायब हो गई और बच्चा बिल्कुल सामान्य दिखने लगा। रानी के लिए वह प्रसन्नता का क्षण था और दुःख का भी। उन्हें अब अपने पुत्र की मृत्यु की चिंता सताने लगी। उन्होंने कहा, "प्रिय कृष्ण, तुमने मेरे पुत्र को एक नया जीवनदान दिया है; किंतु मैं यह भी जानती हूँ कि तुम ही मेरे पुत्र की मृत्यु का कारण बनोगे। मैं तुमसे भीख माँगती हूँ, उसे जीवनदान दो।"

कृष्ण अपनी बुआ के दुःख को देखकर द्रवित हो उठे। उन्होंने कहा, "आदरणीय बुआ, मैं आपको रोते हुए नहीं देख सकता। अगर आपके पुत्र की मृत्यु मेरे ही हाथों होनी है तो निश्चित रूप से वह कुछ इतना गलत करेगा कि मुझे इसके लिए बाध्य होना पड़ेगा। मैं भविष्य के बारे में कुछ नहीं जानता, किंतु मैं आपसे कहता हूँ कि आप यह सुनिश्चित कीजिए कि आपका पुत्र सन्मार्ग पर चले।"

"मैं पूरा प्रयास करूँगी कि मेरा पुत्र एक अच्छा व्यक्ति बने, किंतु तुम मुझे वचन दो कि अगर उससे कोई अपराध हो जाता है तो तुम उसे क्षमा कर दोगे।"

"बुआ, ऐसा संभव नहीं है। जब कोई पहली बार अपराध करता है, तब आप उसे क्षमा कर सकते हैं। दूसरी बार अपराध करता है तो उसे चेतावनी देकर छोड़ा

जा सकता है। किंतु अगर वह तीसरी बार भी अपराध करता है तो उसे दंडित किया जाना चाहिए। मैं अनंतकाल तक उसके अपराध क्षमा नहीं कर सकता। इसकी कोई सीमा होनी चाहिए।"

श्रुतश्रवा ने कहा, "अगर ऐसा है तो कृपया उसके सौ अपराध क्षमा करना।"

श्रीकृष्ण ने मुसकराकर सहमति में सिर हिला दिया।

शिशुपाल बड़ा होकर एक अहंकारी राजकुमार बना, जिसके मन में किसी के प्रति कोई सम्मान नहीं था। उसकी मित्रता एक दुष्ट राजा जरासंध और उसके भतीजे दंतवक्र से हो गई, जिनकी संगत में वह और बिगड़ गया। जब वह युवावस्था में पहुँचा, तब उसने राजकुमारी रुक्मिणी से विवाह करने की इच्छा व्यक्त की। राजकुमारी उससे विवाह नहीं चाहती थी। फिर भी राजकुमार के हठ पर उनका विवाह तय हुआ। किंतु विवाह के दिन राजकुमारी और श्रीकृष्ण ने विवाह कर लिया। उसी दिन से शिशुपाल अपने फुफेरे भाई से घृणा करने लगा और उससे बदला लेने की ठानी।

समय बीतता गया। एक दिन ज्येष्ठ पांडव युधिष्ठिर ने राजसूय यज्ञ करने और श्रीकृष्ण को सम्मानित करने का निर्णय किया। यह भारत के सभी राजाओं के लिए एक बड़ा अवसर था। उसमें भाग लेनेवालों में शिशुपाल भी था। जैसे ही उसने श्रीकृष्ण को वहाँ देखा और उनको सम्मानित करने का समारोह होने लगा, शिशुपाल अपने को नियंत्रित नहीं कर सका और कृष्ण को बुरा-भला कहने लगा। शिशुपाल की असभ्य भाषा से सभी चौंक गए और उसे रोकने के लिए उठ खड़े हुए। किंतु श्रीकृष्ण ने मुसकराकर कहा, "कृपया चिंतित न हों। आप लोग शांत हो जाइए और अपने अपने स्थान पर बैठ जाइए।"

अपनी मौसी को दिए गए वचन को याद करते हुए श्रीकृष्ण ने शिशुपाल के अपराध गिनने शुरू कर दिए। जैसे ही उसके अपराध की संख्या सौ पार कर गई, कृष्ण ने अपने सुदर्शन चक्र से उसका वध कर दिया।

शिशुपाल और कोई नहीं बल्कि जय था और श्रीकृष्ण विष्णु का ही एक और अवतार थे। विजय ने दंतवक्र के रूप में जन्म लिया था। उसे भी विष्णु ने गदायुद्ध में पराजित कर दिया और उसका वध कर दिया।

इस तरह जय और विजय ने अपने अभिशाप के रूप में पृथ्वी पर अपना तीसरा नश्वर जीवनकाल बिता लिया और फिर से दोनों वैकुंठ में श्रीविष्णु के द्वारपाल बन गए।

□

भस्मासुर

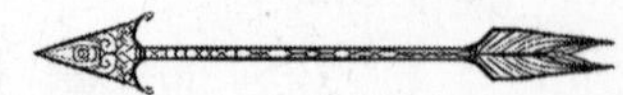

एक असुर शिवजी का परम उपासक था; उसने उन्हें प्रसन्न करने के लिए कठोर तपस्या की। जब भगवान् शिव प्रकट हुए, तब उसने नतमस्तक होकर उनसे विनय की, "भगवन्, मुझे यह शक्ति दें कि जिसके सिर पर मैं अपना हाथ रख दूँ, वह तुरंत जलकर राख हो जाए।"

"क्यों?" शिवजी ने पूछा।

असुर ने कहा, "यह वरदान मिलने से मैं सेना के बिना ही संपूर्ण विश्व पर विजय प्राप्त कर लूँगा।"

शिवजी मुसकराए और कहा, "तथास्तु, ऐसा ही होगा और आज से तुम 'भस्मासुर' कहलाओगे।"

भस्मासुर को जैसे ही यह वरदान प्राप्त हुआ, उसने तय किया कि वह त्रिदेव को परास्त करेगा, ताकि कोई उसके रास्ते में बाधा न बन पाए।

उसके मस्तिष्क में एक कुटिल योजना आई और उसने उस पर आगे बढ़ने का निर्णय किया। वह शिवजी के सिर पर हाथ रखकर उन्हें भस्म कर देना चाहता था। भस्मासुर के मन में जैसे ही यह बात आई कि शिवजी को अपनी दैवी शक्ति के जरिए इसके बारे में पता चल गया। वे स्तब्ध रह गए। उन्होंने कभी नहीं सोचा था कि उनके वरदान का उनके विरुद्ध ही उपयोग किया जाएगा। अब उनके पास भागने के अलावा कोई उपाय नहीं बचा था। वे जितनी तेजी से हो सका, वहाँ से भागे और उनका पीछा करते हुए भस्मासुर उनके पीछे दौड़ा।

कई महीनों तक भस्मासुर शिवजी का पीछा करता रहा। दौड़ते-दौड़ते ही शिवजी ने विष्णु से गुहार लगाई—"मेरी सहायता कीजिए! आपको मेरी रक्षा करनी ही होगी, नहीं तो संपूर्ण विश्व का संतुलन बिगड़ जाएगा।"

श्रीविष्णु ने कहा, "अगर ऐसी बात है तो आपको वरदान देने से पहले सोचना चाहिए था।"

"किंतु मैं अपने भक्तों के प्रेम से बँधा हुआ हूँ, वे जो माँगते हैं, उन्हें देने को बाध्य हूँ। आखिरकार मैं उनका पिता हूँ, उनका सर्जक हूँ; किंतु मैं यह भी जानता हूँ कि आप सदैव मेरी सहायता करेंगे।"

विष्णु ने बिना कोई वचन दिए मात्र 'हूँ' कहते हुए सिर हिला दिया।

शिवजी को दौड़ाकर उसका पीछा कर रहा भस्मासुर पृथ्वी के अंतिम छोर से बाहर निकलने वाला ही था कि अचानक रुक गया। उसकी दृष्टि पास के एक बगीचे में टहल रही एक अति सुंदरी स्त्री पर पड़ी। वह शिवजी को भूलकर उस स्त्री की ओर बढ़ गया। वह जितना उसके पास गया, उतना ही उससे सम्मोहित होता गया। उसने कभी इतनी सुंदर स्त्री नहीं देखी थी। मेनका और रंभा जैसी अप्सराएँ भी उसके आगे नहीं ठहरती थीं। स्त्री ने जब भस्मासुर को ठीक अपने सामने खड़ा देखा तो उसने मोहक मुसकान प्रकट की।

भस्मासुर ने कहा, "हे सुंदरी! तुम निश्चित रूप से इस पृथ्वी की सबसे सुंदर स्त्री हो। मैं भस्मासुर हूँ और किसी को भी भस्म कर सकता हूँ। हर कोई, यहाँ तक कि शिवजी भी मुझसे डरते हैं। मैं तुमसे विवाह करना चाहता हूँ।"

वह स्त्री मुसकराती रही।

भस्मासुर ने अपनी बात जारी रखते हुए कहा, "तुम भाग्यशाली हो कि तुम्हें मैं मिला हूँ। अगर तुम मेरी रानी बनने को तैयार हो तो तुम देखोगी कि पूरी दुनिया तुम्हारे चरणों में होगी। मैं किसी भी देवता या राजा को तुम्हारी बात सुनने या तुम्हारी इच्छा पूरी करने को बाध्य कर सकता हूँ। किंतु पहले बताओ, तुम्हारा नाम क्या है?"

सुंदर स्त्री ने कहा, "महाशय, मेरा नाम मोहिनी है। मैं बहुत भाग्यशाली हूँ कि मुझे आपने विवाह का प्रस्ताव दिया। किंतु मेरे बारे में एक बात है, जो आपके लिए जानना आवश्यक है। मैं नृत्यकला में अत्यंत पारंगत नृत्यांगना हूँ और…"

भस्मासुर ने धैर्य खोते हुए बीच में ही टोककर कहा, "और…और क्या है मेरी प्यारी मोहिनी? क्या समस्या है?"

"मैंने एक प्रण किया है कि मैं उससे ही विवाह करूँगी, जो एक अच्छा नर्तक

होगा। मेरी और कोई शर्त नहीं है। मैं आपसे और कोई माँग नहीं करूँगी।"

भस्मासुर को शर्त सुनकर कुछ अजीब सा लगा, किंतु उसने स्वीकार किया, "मुझे नृत्य करना नहीं आता, मोहिनी। किंतु मैं अन्य लोगों को तुम्हारे इशारे पर नचवा सकता हूँ।"

"अरे भस्मासुर! इसमें कुछ भी कठिन नहीं है। आप जैसा व्यक्ति बहुत शीघ्र और बड़ी आसानी से नृत्य सीख सकता है। अगर आप चाहें तो मैं आपकी गुरु बन सकती हूँ। क्या आप मुझे कुछ क्षण तुम्हें नृत्य सिखाने की अनुमति दे सकते हैं? मुझे पूरा विश्वास है कि आप बहुत शीघ्र नृत्य में पारंगत हो सकते हैं। अगर आप मेरे प्रस्ताव पर सहमत हो जाते हैं तो मुझे बहुत प्रसन्नता होगी।"

भस्मासुर ने मोहिनी की ओर देखा। उसकी चमकती भूरी आँखें देखकर भस्मासुर को तुरंत विश्वास हो गया कि वह अपने प्रण के बारे में सही कह रही है। उसने सोचा, अगर मैंने इसके साथ थोड़ा-सा नृत्य कर लिया तो हो सकता है कि यह मेरे साथ विवाह करने को सहमत हो जाए। इसकी सुंदरता और मेरी शक्ति दोनों मिलकर हम विश्व के सबसे अच्छे पति-पत्नी बन जाएँगे और सब पर शासन करेंगे।

उसने सहमति में सिर हिला दिया।

मोहिनी ने अब बिना और कोई बात किए नृत्य सिखाना शुरू कर दिया। उसने कहा, "अपना पैर बाईं ओर बढ़ाओ और एक कदम आगे बढ़ाओ।"

भस्मासुर ने मोहिनी की तरह ही नृत्य की मुद्राएँ करने का प्रयास किया।

"अब इधर आएँ और दो कदम दाईं ओर बढ़ाएँ।"

कुछ क्षणों बाद उसने प्रसन्नता व्यक्त करते हुए कहा, "आप बहुत अच्छे छात्र हैं। लगता है कि आप तो मुझसे भी अच्छे नर्तक बन जाएँगे।"

भस्मासुर की प्रसन्नता का ठिकाना न रहा और वह मोहिनी को देखकर तथा उसके निर्देश के अनुसार नृत्य का अभ्यास करने लगा।

तब मोहिनी ने कहा, "आइए, मैं अब आपको हाथ की कुछ मुद्राएँ और भंगिमाएँ सिखाती हूँ।"

भस्मासुर तैयार हो गया।

मोहिनी ने अपना बायाँ हाथ फैलाते हुए कहा, "अपना बायाँ हाथ फैलाइए और इस तरह रखिए।"

उसके निर्देश अब और कठिन और एक के बाद एक जल्दी-जल्दी आने लगे—

"अपना दायाँ हाथ फैलाएँ।"

"बाईं कलाई घुमाएँ।"

"अब ऐसा ही अगले हाथ के साथ करें।"

"अब अपना बायाँ हाथ बाहर की तरफ फैलाएँ और अपना दायाँ पैर फैलाएँ, इस प्रकार।" वह तेजी से मुद्राएँ बदलती जा रही थी और एक के बाद एक मुद्राएँ करती हुई निर्देश देती जा रही थी, "अब ऐसा ही दूसरे हाथ और पैर से कीजिए।"

भस्मासुर उसकी तरह भाव-भंगिमाएँ करने की पूरी कोशिश कर रहा था, किंतु नृत्य उसके बस में नहीं था। उसके हाव-भाव भी बहुत अजीब हो रहे थे। फिर भी, मोहिनी ने उसे आदर से देखा और कहा, "अरे वाह! आप तो मोर की तरह नाच रहे हैं। आप कितने फुरतीले हैं और आपकी चुस्ती का तो जवाब नहीं! चलिए, अब हम कुछ कठिन मुद्राओं का अभ्यास करते हैं।"

भस्मासुर प्रसन्न हो गया।

मोहिनी ने कहा, "अपना दायाँ हाथ लें और उसे अपनी कमर पर रखें। अपना बायाँ हाथ भी कमर पर रखें।"

भस्मासुर चुपचाप उसके निर्देश मानता चला गया।

मोहिनी ने अपने छात्र की ओर मुसकराकर देखा और कहा, "अपना दायाँ हाथ अपने कंधे पर रखो और फिर अपना बायाँ हाथ भी कंधे पर रखो। मेरी ओर देखो और फिर ऐसा ही करो।

"अपना बायाँ हाथ आगे और पीछे करो और अपना दायाँ हाथ अपने सिर पर रखो, और इस तरह गोल-गोल घूमो।" मोहिनी ने वैसी ही मुद्रा बनाते हुए निर्देश दिया।

भस्मासुर उसकी ओर देखने और उसकी प्रशंसा करने में इतना व्यस्त था कि उसने अपना बायाँ हाथ हिलाया और बिना कुछ सोचे-समझे दायाँ हाथ अपने सिर पर रख लिया। सिर पर हाथ रखते ही कुछ पलों के अंदर वह भस्म हो गया।

और विष्णु तुरंत मोहिनी से अपने असली स्वरूप में आ गए।

अनेक चित्रों और मूर्तियों में इस घटना को दरशाया गया है और इसे 'मोहिनी भस्मासुर' कहा गया है। सबसे सुंदर चित्र कर्नाटक के बेलूर मंदिर में दिखाई पड़ता है, जहाँ मोहिनी अपना दायाँ हाथ अपने सिर पर रखकर नृत्य कर रही है।

गज और ग्राह

इंद्रद्युम्न नामक एक राजा था। वह विष्णु का उपासक था।

एक दिन अगस्त्य मुनि इंद्रद्युम्न के महल में आए। बहुत तेज गरमी पड़ रही थी, किंतु राजा ने मुनि का स्वागत नहीं किया और न ही उन्हें जलपान के लिए पूछा। मुनि थके हुए थे, भूखे-प्यासे भी थे, इसलिए वे राजा के इस अशिष्ट व्यवहार से क्रुद्ध हो गए।

क्रुद्ध अगस्त्य मुनि ने राजा को श्राप दिया, "अगले जन्म में आप हाथी बनें और प्यास बुझाने के लिए आपको चारों ओर भटकना पड़े।"

राजा को अपनी गलती समझ में आ गई। उसने मुनि से क्षमा माँगी, "मैं अपने व्यवहार के लिए बहुत दुःखी हूँ। कृपया अपना श्राप वापस ले लें।"

मुनि ने कहा, "मैं अपना श्राप वापस नहीं ले सकता; किंतु हाँ, इतना कर सकता हूँ कि जब भगवान् स्वयं आपके पास आएँगे तो आप अपने वास्तविक स्वरूप में आ जाएँगे।"

विश्व के दूसरे भाग में, एक सुंदर गंधर्व अपनी पत्नी के साथ नदी में स्नान कर रहा था। उसी समय देवल ऋषि वहाँ से गुजरे। गंधर्व ने हँसते हुए कुछ पानी ऋषि पर छिड़क दिया और उनसे साथ आकर जल-क्रीड़ा करने को कहा। देवल गंधर्व की अपरिपक्वता से अत्यंत क्रोधित हो गए और उसे श्राप दे दिया। ऋषि ने चिल्लाकर कहा, "अगले जन्म में तुम मगरमच्छ बनोगे।"

बेचारे गंधर्व ने अगला जन्म मगरमच्छ के रूप में लिया।

इस बीच अगस्त्य मुनि के श्राप के अनुसार इंद्रद्युम्न ने भी हाथी के रूप में जन्म लिया। वह हाथियों के राजा बन गए और 'गजेंद्र' कहलाए।

एक दिन गजेंद्र अपने प्रिय सरोवर में अपने हाथियों के झुंड के साथ थे। अचानक पानी के अंदर किसी ने उनका पैर पकड़ लिया। वह विशालकाय मगरमच्छ था।

गजेंद्र को अपनी शक्ति का अनुमान था और विश्वास था कि कोई भी पशु उसे अधिक समय तक पकड़कर नहीं रख सकता। उसने बहुत प्रयास किया और पूरी शक्ति लगा दी, किंतु अपने को मगरमच्छ से मुक्त नहीं करा पाया। तब अपने परिजनों और मित्रों को सहायता के लिए बुलाया, परंतु वे भी उसे मुक्त नहीं करा पाए। कई दिनों तक प्रयास करने के बाद वे सभी गजेंद्र को सरोवर में मगरमच्छ के साथ अकेले छोड़कर चले गए।

अचानक उसके मन में पिछले जन्म की बात कौंधी। जब वह राजा इंद्रद्युम्न थे और उन्हें किस तरह अगस्त्य मुनि ने श्राप दिया था।

गजेंद्र ने विष्णु की उपासना प्रारंभ कर दी, "इस ब्रह्मांड में ऐसा और कोई नहीं है, जिसे मैं सहायता के लिए पुकार सकूँ। कृपया मेरी सहायता कीजिए। भगवन्, मैं सोचता था कि मैं बहुत शक्तिशाली हूँ, किंतु अब मुझे समझ आ गया कि मेरे हाथ में कुछ भी नहीं है। मुझे पता है कि जब आपके भक्त संकट में होते हैं, तब आप उनकी सहायता करते हैं। इसलिए मैं आपसे सहायता की गुहार लगा रहा हूँ। मैं आपकी प्रतीक्षा करूँगा, चाहे कितनी भी देर हो जाए।"

अंत में भगवान् विष्णु प्रकट हुए और मगरमच्छ को निशाना बनाकर अपना सुदर्शन चक्र चला दिया। मगरमच्छ मारा गया और उसकी जगह गंधर्व अपने वास्तविक रूप में प्रकट हुआ, जबकि गजेंद्र इंद्रद्युम्न बन गया।

इस घटना को 'गजेंद्र मोक्ष' कहा जाता है और बताया जाता है कि यह घटना तिरुपति की तिरुमाला पहाड़ियों में हुई थी।

□

अंडे से निकला आदमी

ऋषि कश्यप को सात सर्वाधिक पवित्र ऋषियों में एक माना जाता है और उन्हें 'सभी प्राणियों का जनक' कहा जाता है। एक दिन कश्यप ऋषि ने अपनी पत्नियों कद्रु और विनता से कहा, "मैं तुम दोनों को एक-एक वरदान देना चाहता हूँ। कहिए, तुम दोनों क्या चाहती हो?"

कद्रु मुसकराई और बोली, "मुझे वरदान दें कि मेरे एक सहस्र पुत्र हों।"

मुनि ने इसके बाद विनता से पूछा। उसने कहा, "पतिदेव, मैं चाहती हूँ कि मेरे दो पुत्र हों और वे दोनों कद्रु के सभी पुत्रों से अधिक बलवान् हों।"

कश्यप ऋषि ने दोनों को वरदान देते हुए कहा, "ऐसा ही होगा।"

कुछ समय बाद कद्रु और विनता दोनों ने अंडे दिए। कद्रु के बच्चे पहले अंडे से बाहर आए और इस तरह नाग या सर्प प्रजाति का जन्म हुआ। उनमें से सबसे बड़े का नाम 'आदिशेष' था, जिसने विष्णु के लिए शय्या तैयार की, जिस पर भगवान् विराजमान हुए। उसके बाद के सर्प का नाम 'वासुकि' था, जो बाद में साँपों का राजा बना।

विनता प्रतीक्षा करती रही, किंतु उसके अंडे फूटने का नाम ही नहीं ले रहे थे।

एक दिन दोनों घूमने के लिए समुद्र किनारे गईं। विनता ने सात सिरों वाले अश्व उच्चैःश्रवा को आकाश में उड़ते देखा, जो समुद्र-मंथन से बाहर आया था।

विनता ने कहा, "देखो, वह अश्व! वह बिल्कुल श्वेत है। कितना सुंदर है!"

कद्रू ने कुलाँचे भरते हुए अश्व को उनसे दूर अँधेरे आकाश की ओर जाते देखा। उसने कहा, "नहीं विनता, क्या तुम नहीं देख रही हो, उसकी पूँछ काली है!"

जब तक दोनों दोबारा आकाश की ओर देखतीं, तब तक उच्चैःश्रवा नजरों से ओझल हो चुका था।

विनता को पूरा विश्वास था कि घोड़ा बिल्कुल सफेद था और कद्रु को अपनी बात पर। कद्रु को हालाँकि यह विश्वास नहीं था कि घोड़े की पूँछ काली थी या नहीं, किंतु उसे यह स्वीकार करने में अपमान लग रहा था कि वह गलत भी हो सकती है। दोनों कुछ समय तक बहस करती रहीं और अंत में तय किया कि इस पर शर्त लगाई जाए। उन्होंने तय किया कि वे कल उसी समय समुद्र-तट पर जाएँगी, शायद उच्चैःश्रवा वहाँ आए।

शर्त बहुत सामान्य थी। अगर घोड़े की पूँछ काली होगी तो विनता कद्रु की दासी बन जाएगी और अगर घोड़ा बिल्कुल सफेद हुआ तो कद्रु विनता की दासी बन जाएगी।

देर रात कद्रु ने अपने बच्चों को बुलाया और उन्हें अपनी शर्त के बारे में बताया। उसके कुछ बच्चों ने कहा, "माँ, आप गलत हैं। उच्चैःश्रवा की पूँछ काली नहीं है। वह पूरी तरह सफेद है। आप हारने जा रही हैं।"

कद्रु डर गई—वह विनता की दासी नहीं बनना चाहती थी। उसने अपने बच्चों से पूछा, "तुम लोग अपनी माता की सहायता नहीं करोगे?

"तुम लोगों में से कुछ उच्चैःश्रवा की पूँछ ढक सकते हो और चूँकि तुम लोग सर्प हो, तुम दूर से काले ही दिखोगे। तुम्हें वहाँ केवल तब रहना होगा, जब विनता और मैं घोड़े को देखेंगी। उसके बाद तुम लोग वापस आ सकते हो। मैं किसी भी हालत में यह शर्त नहीं हारना चाहती।"

उन्होंने विरोध करते हुए कहा, "माता, आप किसी को इस तरह धोखा नहीं दे सकतीं। आखिर आप ही तो हमसे हमेशा निष्पक्ष रहने और सच्चाई के मार्ग पर चलने को कहती हैं।"

लेकिन कद्रु को विनता की दासी बनने का विचार ही अपने आप में बहुत अपमानजनक लग रहा था। वह क्रोध में चिल्लाई, "मैं तुम लोगों के कारण दासी बन जाऊँगी। ठीक है, चूँकि तुम लोग अपनी माता को नहीं जिताना चाहते, इसलिए मैं तुम लोगों को श्राप देती हूँ कि तुम सब एक बड़े सर्पयज्ञ[10] में मारे जाओगे।"

---

10. कद्रू की भविष्यवाणी बहुत बाद में सामने आई, जब हस्तिनापुर के राजा जन्मेजय ने अपने पिता की मृत्यु का बदला लेने के लिए सभी सर्पों की बलि चढ़ा दी थी। जन्मेजय अर्जुन के पोते परीक्षित के उत्तराधिकारी थे।

केवल एक सर्प, कारकोटक, अपनी माता की सहायता करने को सहमत हो गया।

अगले दिन विनता और कद्रू उच्चैःश्रवा को देखने के लिए समुद्र-तट पर गईं। वहाँ वह घोड़ा था, वह खुशी से आकाश में उड़ रहा था। इस बार दोनों ने देखा कि घोड़े की पूँछ काली है।

किसी तरह की गड़बड़ी होने का कोई संदेह किए बिना विनता ने मान लिया कि वह कद्रु से हार गई है और उसकी दासी बन गई।

कद्रु ने कहा, "तुम्हारी दासता तभी समाप्त होगी, जब भविष्य में पैदा होनेवाला तुम्हारा पुत्र स्वर्ग से अमृत लाकर मेरे पुत्रों को जीवित कर देगा, जो एक दिन मारे जाएँगे। तब तक तुम्हें दासी ही बने रहना होगा।"

विनता के पास उसकी बात स्वीकार करने के अलावा कोई उपाय नहीं था।

वर्षों बीत गए, किंतु विनता के अंडों से तब तक बच्चे नहीं निकले थे। कद्रु की दासी के रूप में जीवन बिताते हुए विनता ऊब गई थी। हारकर उसने तय किया कि वह और प्रतीक्षा नहीं करेगी और एक अंडा अपने हाथ से फोड़ दिया। उसे यह देखकर आश्चर्य हुआ कि उसके अंदर एक सुंदर बालक था, किंतु उसके पैर तब तक पूरी तरह विकसित नहीं हो पाए थे।

उसने दुःखी मन से कहा, "माता, मैं आपको देखकर प्रसन्न हूँ, किंतु आपको इस अंडे को तोड़ने की इतनी शीघ्रता क्यों थी? अच्छी चीजें समय लेती हैं और आपकी धैर्यहीनता का मूल्य मुझे अपने पैरों को खोकर चुकाना पड़ रहा है। अब मैं आपको स्वतंत्र करने के लिए अमृत नहीं ला सकता।"

विनता रोने लगी, "मेरे प्यारे पुत्र, तुम मेरे अपराध की सजा भुगतोगे। मुझे क्षमा कर दो। तुम कहाँ जाओगे? कौन तुम्हारी देखभाल करेगा? मैं चाहती हूँ कि तुम यहाँ मेरे साथ रहो।"

"नहीं माता, मुझे जाना ही होगा। मैं सूर्य देवता का सारथि बन जाऊँगा। मैं उनके सातों घोड़ों को सँभालूँगा और प्रातः से संध्या तक रथ चलाऊँगा। यही मेरे लिए सबसे उचित कार्य होगा, क्योंकि इसमें मुझे चलने की आवश्यकता नहीं होगी।"

अपने पुत्र से इतना शीघ्र बिछुड़ने से परेशान विनता ने पूछा, "मेरे बच्चे, मैं तुम्हें कब देख पाऊँगी?"

"प्रत्येक प्रातः, माता, मेरा नाम अरुण होगा और मैं हर दिन सूर्य देवता के साथ रहूँगा। मैं आपसे विनती करता हूँ कि अगली बार आप अधीर न हों। आप कुछ दिन

और प्रतीक्षा कीजिए। आपके एक और पुत्र होगा, जो आपको स्वतंत्र कराएगा।"

इसके बाद अरुण सूर्य भगवान् का सारथि बनने के लिए चला गया। यही कारण है कि सूर्योदय को अरुणोदय अर्थात् 'अरुण का आगमन' भी कहते हैं।

इस घटना के बाद विनता ने अपने दूसरे अंडे का पूरा ध्यान रखा और पिछली भूल से सबक लेकर इस बार उसने अंडे को नहीं तोड़ा। महीने और साल बीत गए।

अंत में, एक दिन अंडा अपने आप टूटा और शक्तिशाली पंखों तथा पक्षी जैसे चेहरे वाला एक व्यक्ति उससे बाहर निकला। उसने कहा, "माता, मैं आ गया। आपके धैर्य के लिए आपका आभारी हूँ। मैं शक्तिशाली हूँ और कहीं भी उड़कर जा सकता हूँ। मैं शक्तिशाली गरुड़ हूँ। मैं भगवान् विष्णु और उनकी पत्नी लक्ष्मी का वाहन बनूँगा। मैं वचन देता हूँ कि मैं आपको दासता से मुक्ति दिलाऊँगा।"

इसके बाद वह दूर आकाश में उड़ गया। उसकी माता उसे गर्व से देख रही थी। प्रसन्न थी कि अंततः वह उसे देख पाई और उसने मुझे दासता से मुक्त कराने का वचन दिया है।

विनता ने अपनी मुक्ति के लिए बहुत लंबी प्रतीक्षा की थी।

□

दोमुँही जीभ

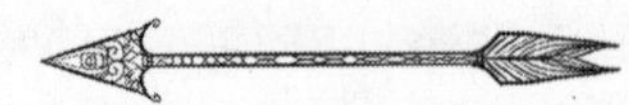

गरुड़ बहुत शक्तिशाली और बुद्धिमान था। उसे वैनतेय, अर्थात् 'विनता का पुत्र' भी कहा जाता था। गरुड़ को पता था कि अपनी माता को मुक्त कराने का एकमात्र उपाय कद्रू को अमृत लाकर देना है। अमृत-कलश इंद्र के पास था, इसलिए गरुड़ ने उनसे अमृत कलश देने का अनुरोध किया।

इंद्र ने ऐसा करने से मना कर दिया। उन्हें पता था कि अमृत के लिए पृथ्वी ने जो मूल्य चुकाया है, वह बहुत अधिक है और वे उसे गरुड़ को नहीं दे सकते।

अब गरुड़ के पास युद्ध करने के अलावा कोई रास्ता नहीं था।

इंद्र ने गरुड़ के पंख काटने के लिए 'वज्र' नाम के अस्त्र का उपयोग किया, किंतु उससे गरुड़ का केवल एक पंख ही कट पाया। गरुड़ पहले की तरह ही बलशाली रहा और उसे कोई नुकसान नहीं हुआ। इंद्र गरुड़ के आगे नहीं टिक पा रहे थे, इसलिए वह अमृत कलश लेकर विष्णु के पास दौड़े। विष्णु ने इंद्र को आश्वस्त किया कि वह अमृत कलश को सुरक्षित रखेंगे और इंद्र को वापस भेज दिया।

इंद्र के वहाँ से जाते ही गरुड़ वहाँ पहुँच गया और अमृत कलश माँगने लगा। जब विष्णु कलश देने को सहमत नहीं हुए तो गरुड़ ने उन पर हमला कर दिया। विष्णु समझ गए कि वह अपनी माता को मुक्त कराने के लिए अमृत कलश चाहता है, किंतु मानवजाति के कल्याण के लिए वे उसे वह कलश नहीं दे सकते थे। अगर अमृत कलश कद्रू के पास पहुँच गया तो वह जिसे चाहे अमृत दे सकती है, जिसके दूरगामी परिणाम मानवजाति के विलुप्त होने के रूप में हो सकते हैं। इसलिए विष्णु

ने गरुड़ से युद्ध किया।

संध्या ढलते-ढलते गरुड़ और विष्णु दोनों थक चुके थे, किंतु किसी के भी जीत के आसार नहीं दिखाई पड़ रहे थे।

विष्णु ने गरुड़ के साहस और अपनी माता के प्रति उसके समर्पण की प्रशंसा की। उन्होंने कहा, "बालक, हालाँकि इस युद्ध में तुम मेरे प्रतिद्वंद्वी हो, किंतु तुम्हारी शक्ति देखकर मुझे बहुत प्रसन्नता हुई। मैं तुम्हें एक वरदान देना चाहता हूँ। माँगो, क्या माँगोगे? बस अमृत मत माँगना।"

विष्णु से प्रशंसा सुनकर गरुड़ प्रसन्न हुआ। उसने नतमस्तक होकर कहा, "आपके साथ बराबरी पर युद्ध करके मैं अपने को धन्य मान रहा हूँ। मैं कोई महान् व्यक्ति नहीं हूँ, किंतु मुझे भी अनुमति दें कि मैं आपको एक वरदान दे सकूँ। कृपया बताइए, क्या चाहिए आपको?"

विष्णु मुसकराए, "मैं तुमसे बड़ा हूँ, इसलिए मैं अपना वरदान पहले माँगूँगा। मैं चाहता हूँ कि तुम मेरे भक्त बनो और साथ ही देवलोक में मेरा वाहन भी। तुम्हारे सम्मान में मैं 'गरुड़ वाहन' कहलाऊँगा।" इस तरह विष्णु गरुड़ पर दृष्टि भी रख पाएँगे।

गरुड़ मुसकराकर सहमत हो गया। उसने कहा, "जीवन भर आपका वाहन होने का अवसर पाना मेरे लिए सौभाग्य की बात है और अब माँगने की मेरी बारी है। मैं चाहता हूँ कि मैं सदैव आपसे ऊपर रहूँ।"

"अवश्य मेरे ऊपर लगा ध्वज, जो मेरे आगमन की सूचना देता है, उस पर हमेशा तुम्हारा चित्र अंकित होगा और इस तरह तुम्हारी शर्त पूरी होती है। वह ध्वज 'गरुड़ ध्वज' कहलाएगा।"

इसके बाद युद्ध सद्भावपूर्ण ढंग से समाप्त हुआ।

संधि हो जाने के बाद विष्णु ने गरुड़ को शांतिपूर्वक बताया कि अमृत कलश उसे देने से क्या क्षति हो सकती है।

गरुड़ ने कहा, "हे भगवान्! मैं केवल अपनी माता को कद्रु की दासता से मुक्त कराना चाहता हूँ। मैं आपसे विनती करता हूँ कि कुछ कीजिए।"

विष्णु ने स्पष्ट कहा, "ठीक है, अमृत कलश ले जाओ। इसे कद्रु को दो और अपनी माता को मुक्त करा लो; किंतु उसके बाद मैं जो कुछ करूँ, उसके बारे में तुम कोई प्रश्न नहीं करोगे।"

गरुड़ ने अमृत कलश ले जाकर कद्रु को दे दिया। कद्रू ने कहा, "तुमने अपना

कर्तव्य निभाया है। मैं प्रसन्न हूँ। विनता अब दासता से मुक्त है।"

अपनी माता को मुक्त कराने के बाद गरुड़ अपने अगले कर्तव्य की ओर रवाना हो गया, जो उसे विष्णु के लिए निभाना था।

इस बीच विष्णु ने अमृत कलश वापस पाने की योजना बना ली थी।

इंद्र वेश बदलकर कद्रु के पास पहुँचे। कद्रु को पता था कि वह अमृत कितना मूल्यवान है, इसलिए उसने कलश को कसकर पकड़ रखा था।

इंद्र ने कहा, "अमरत्व का सुख पाना निश्चित रूप से बहुत अच्छा होगा। किंतु इसे अपने बच्चों में बाँटने और इतनी पवित्र वस्तु पीने से पहले क्या यह कर्तव्य नहीं बनता कि आप लोग स्वच्छ हो लें?"

कद्रु इतनी प्रसन्न थी कि वह तुरंत बात मान गई।

उसने अपने बच्चों से कहा, "चलो, पहले हम स्नान कर लें।" और वे सभी पास की नदी में स्नान करने चले गए।

इंद्र ने अवसर का लाभ उठाते हुए अमृत कलश ले लिया और देवलोक रवाना हो गए। दुर्भाग्य से, उसमें से अमृत की कुछ बूँदें कद्रु के घर के बाहर पड़ी सूखी घास पर गिर गईं।

कुछ सर्प स्नान करके शीघ्र लौट आए और अमृत ढूँढ़ने लगे। किंतु हाय! कलश वहाँ नहीं था।

किंतु जब उन्हें सूखी घास पर कुछ बूँदें पड़ी दिखीं तो वे अपने अन्य भाइयों के पहुँचने से पहले उसे जल्दी-जल्दी चाटने लगे। सूखी घास इतनी नुकीली थी कि साँप जब अमृत चाट रहे थे, तब उनकी जीभ उससे कट गई और लगभग दो भाग हो गई।

अब जो सर्प दुनिया में दिखाई पड़ते हैं, ये वही सर्प हैं और आपको पता चल गया होगा कि इनकी जीभ दोमुँही क्यों होती है।

□

ईमानदार ठग

एक दिन इंद्र शिवजी से मिलने कैलास पर्वत गए, किंतु शिव के बदले वहाँ उन्हें एक अनजान व्यक्ति मिला, जो गहन तपस्या में लीन था। उन्होंने सोचा, हो सकता है कि यह शिव के गणों में से कोई हो। उन्होंने जोर से क़हा, "मैं तुम्हारे स्वामी से मिलना चाहता हूँ। वे कहाँ हैं?" उस व्यक्ति ने कोई उत्तर नहीं दिया।

इंद्र ने कई बार कोशिश की, किंतु उन्हें कोई उत्तर नहीं मिला।

इंद्र ने सोचा, मैं देवताओं का राजा हूँ। यह मेरी अनदेखी कैसे कर सकता है? उन्होंने वज्रायुध उठाया और उस व्यक्ति की ओर चला दिया।

अंत में भगवान् शिव ने आँखें खोलीं। वे शोरगुल से क्षुब्ध थे। उन्होंने इंद्र की ओर एक घातक तीर चला दिया और शिव के रूप में वापस आ गए। तब इंद्र को समझ आया कि वे तो शिव ही थे, जो रूप बदलकर ध्यान में मग्न थे। अपने प्राणों को संकट में देख इंद्र ने उनसे क्षमा कर देने की प्रार्थना की।

शिव समय रहते ही शांत हो गए और उस घातक तीर को समुद्र की ओर मोड़ दिया। तीर गहरे पानी में जा गिरा और एक नन्हे बालक के रूप में बदल गया। समुद्र के राजा ने छोटे बालक के रोने की आवाज सुनी तो उसे गोद लेने का निर्णय किया। उन्होंने ब्रह्माजी से उस बालक के लिए कोई नाम बताने को कहा।

"यह बालक पानी से जनमा है, अत: इसे 'जलंधर' कहो।" ब्रह्माजी ने कहा, "इस बालक को मेरा वरदान होगा कि शिवजी के अलावा और कोई इसे नहीं मार पाएगा, क्योंकि यह शिव के तीर से जनमा है।"

जलंधर बड़ा होकर एक सुंदर युवक बना और समुद्र के राजा ने उसे असुरों का राजा बना दिया। जलंधर एक अच्छा और न्यायप्रिय राजा था। उसने एक सुंदर कन्या से विवाह किया, जिसका नाम 'वृंदा' था।

एक दिन कुछ बड़े-बूढ़े राक्षस जलंधर से मिलने आए और उन्हें समुद्र-मंथन के बारे में बताया। साथ ही यह भी बताया कि कैसे मोहिनी का वेश धारण कर विष्णु ने उनसे अमृत कलश छीन लिया था। उस छल से क्रोधित होकर जलंधर ने देवताओं से बदला लेने का प्रण किया।

वृंदा विष्णु की उपासक थी। उसने अपने पति से देवताओं के विरुद्ध युद्ध न छेड़ने का अनुरोध किया, किंतु जलंधर ने उसकी बातों पर कोई ध्यान नहीं दिया। ऐसे में वृंदा के पास इसके अलावा कोई उपाय नहीं था कि वह विष्णु की आराधना करे और उनसे जलंधर की सुरक्षित वापसी सुनिश्चित करने का अनुरोध करे।

भयंकर युद्ध हुआ और जब इंद्र जलंधर के सिर पर घातक प्रहार करने ही वाले थे कि विष्णु ने उसे बचाने के लिए अपना सुदर्शन चक्र चला दिया। इसके बाद इंद्र के पास भागने के अलावा कोई उपाय नहीं बचा था।

जलंधर जानता था कि उसे दो लाभ थे—एक तो कोई उसके बराबर शक्तिशाली नहीं था और दूसरा, वृंदा की उपासना के कारण विष्णु हमेशा उसकी रक्षा करेंगे। शीघ्र ही जलंधर एक के बाद एक राज्य जीतने लगा। चारों ओर विजय मिलने से वह इतना अहंकारी हो गया कि एक दिन उसने विष्णु से ही युद्ध करने का निर्णय कर लिया।

वृंदा के कारण विष्णु जलंधर से युद्ध नहीं करना चाह रहे थे, इसलिए उन्होंने उससे चतुराई से निपटने का निर्णय किया। उन्होंने कहा, "ऐसा नहीं है कि मैं तुमसे युद्ध नहीं कर सकता; किंतु सच्चाई यह है कि तुम्हारा जन्म समुद्र से हुआ है और ऐसे में तुम मेरी पत्नी के भाई की तरह हो, जिसका जन्म भी समुद्र से ही हुआ है। मैं अपनी पत्नी के भाई से युद्ध नहीं करना चाहता।"

जलंधर के पास बोलने के लिए शब्द नहीं थे। उसने कभी नहीं सोचा था कि विष्णु उसके बहनोई होंगे। उसने केवल इतना कहा, "मेरी बहन और आप दोनों सदा प्रसन्न रहें।"

जब यह मामला सुलझ गया, तब जलंधर ने शिवजी के साथ युद्ध करने का निर्णय किया। जलंधर भूल गया कि किसके कारण उसका जन्म हुआ था और बचपन में उसे क्या वरदान मिला था।

वृंदा ने अपने पति को रोकने का प्रयास किया, "कृपया ऐसा मत कीजिए!

आप भगवान् शिव से कभी नहीं जीत पाएँगे।"

किंतु हमेशा की तरह जलंधर ने उसकी बात नहीं सुनी और कैलास पर्वत की ओर रवाना हो गया।

जलंधर शिव के आवास पर पहुँचा और गरजकर बोला, "कैलास पर्वत अब मेरा है! अगर तुम आत्मसमर्पण करते हो तो मैं तुमको यहाँ से चले जाने और कहीं अन्यत्र जाकर बसने की अनुमति दे सकता हूँ।"

शिव ने कुछ पल सोचा। वह जलंधर को नहीं मारना चाहते थे, जो कि एक प्रकार से उनका पुत्र था और उसे विष्णु का संरक्षण प्राप्त था। किंतु शिव को उसकी बुराइयों का भी ज्ञान था।

जब विष्णु के पास यह समाचार पहुँचा तो उन्होंने सोचा, मैं सदैव जलंधर की रक्षा नहीं कर सकता। वृंदा अच्छाइयों की प्रतिमूर्ति है और वही जलंधर के सुरक्षित रहने तथा उसके विजयी होने के पीछे की शक्ति है। देवतागण वृंदा को बहलाकर ही जलंधर को हरा सकते हैं।

इसके बाद विष्णु ने जलंधर का रूप धारण किया और वृंदा से मिलने महल पहुँच गए। उन्होंने कहा, "मेरी प्यारी पत्नी, मैं युद्ध जीत गया। अब विष्णु की उपासना करने की कोई आवश्यकता नहीं है। जीत की खुशी में भव्य समारोह की तैयारी करो।"

वृंदा पति को देखकर और उनकी विजय के बारे में जानकर बहुत प्रसन्न हुई। उसने पूजा करना छोड़कर उत्सव मनाने की तैयारी शुरू कर दी।

शिव को पूरी बात का पता चल गया और यह भी पता चल गया कि वृंदा ने पूजा रोक दी है। उन्होंने उस अवसर का लाभ उठाया और त्रिशूल से जलंधर का वध कर दिया।

वृंदा को जब पता चला कि विष्णु ने किस तरह उससे छल किया तो वह अत्यंत क्रोधित हो उठी। वह चिल्लाकर बोली, "आप अपने भक्तों से छल कैसे कर सकते हैं? यह निर्दयता है। आपका हृदय अवश्य पत्थर का होगा। ठीक है, तब आप भी पत्थर ही बन जाएँगे।"

विष्णु उसे देखकर मुसकराए और कहा, "वृंदा, किसी वृहद हित के लिए किसी से छल करना अनुचित नहीं है, और मेरे पास कोई और रास्ता नहीं बचा था। तुम पवित्र और सहृदय हो, किंतु तुम्हारा पति वैसा नहीं था। उसने अनेक ऋषि-मुनियों, विद्वानों और अपनी प्रजा पर अत्याचार किए। किंतु फिर भी, मेरे बच्चे, मैं तुम्हारा श्राप स्वीकार करता हूँ। मैं गंडकी नदी के किनारे एक शालिग्राम में बदल जाऊँगा

और जब भी कोई मेरी पूजा करना चाहेगा, वह नदी से शालिग्राम लेकर मेरी पूजा कर सकेगा और मैं हमेशा अपने भक्तों की पुकार सुनूँगा।"

भगवान् विष्णु ने कहा, "जो कुछ भी हुआ, उसके बाद भी तुम्हारी भक्ति से मैं प्रसन्न हूँ। तुम्हारा पुनर्जन्म तुलसी के पौधे के रूप में होगा और मेरी पूजा तभी पूरी होगी, जब तुलसी के पत्तों से की जाएगी। वस्तुतः लोग मेरी पूजा से पहले तुम्हारी पूजा क़रेंगे। तुम्हारी पवित्रता के कारण लोग तुम्हारी पूजा करेंगे और अपने घरों में तुलसी का पौधा लगाएँगे, जहाँ तुम संपन्नता लाओगी।"

यही कारण है कि भारत में अनेक घरों में तुलसी का पौधा लगाया जाता है।

□

इच्छा-मृत्यु

मधु और कैटभ दो राक्षस थे। दोनों भाइयों ने अमरत्व पाने के लिए एक बार देवी पार्वती की तपस्या की। अन्य देवी-देवताओं की तरह ही पार्वती ने भी उन्हें अमरत्व का वरदान देने से मना कर दिया। किंतु उन पर दया करते हुए उन्होंने कहा, "मैं तुम लोगों को एक और अवसर दे रही हूँ, जिसमें कुछ और माँगना है तो माँग लो।"

दोनों भाइयों ने एक-दूसरे की ओर देखा और चतुराई से कहा, "ऐसी स्थिति में हम चाहेंगे कि हमारी मृत्यु केवल तभी हो, जब हम चाहें।" उन्हें पूरा विश्वास था कि वे कभी मरना नहीं चाहेंगे।

पार्वती ने मुसकराकर कहा, "तथास्तु!"

अन्य सत्तालोलुप राक्षसों की तरह वे दोनों भाई भी निर्दयी और अहंकारी हो गए। उन्होंने जो चाहा, वह अपने अधिकार में कर लिया और जिसे चाहा, उसकी हत्या कर दी।

एक दिन वे ब्रह्माजी से मिलने गए। ब्रह्माजी अपने कमल के फूल के सिंहासन पर बैठे हुए अपनी अगली रचना को आकार देने में व्यस्त थे।

उन्हें इतने ऊपर बैठे देखकर दोनों भाइयों को क्रोध आ गया।

उन्होंने ब्रह्माजी से कहा, "ओ बुड्ढे, नीचे आओ! हमारे जैसे बलशाली और ऊँचे मनोबलवाले ही इतने ऊँचे सिंहासन पर बैठने के अधिकारी हैं। अगर तुम्हें वहाँ बैठना है तो पहले नीचे आओ और युद्ध करो, हमें हराओ। नीचे आओ, अभी! तुम जब चाहो, हम युद्ध के लिए तैयार हैं।"

ब्रह्माजी को पता था कि वे उनसे युद्ध में जीत नहीं सकते, इसलिए वे वहाँ से भाग खड़े हुए।

दोनों भाई बहुत प्रसन्न थे कि उन्होंने सृष्टि के रचयिता को अपमानित किया।

उधर ब्रह्माजी पीछे मुड़कर देखे बिना भागते चले गए और तब तक भागते रहे, जब तक कि वे श्रीविष्णु के पास नहीं पहुँच गए। उन्होंने भगवान् विष्णु को जाकर पूरी घटना बताई और उनसे कहा, "देव, अगर वे मेरे साथ इतना बुरा व्यवहार कर रहे हैं तो कल्पना कीजिए कि औरों के साथ कितना बुरा व्यवहार करते होंगे! आपको उन्हें मार डालना चाहिए।"

विष्णु पूरी स्थिति पर विचार कर ही रहे थे कि मधु और कैटभ ब्रह्माजी की खोज में वैकुंठ पहुँच गए। जब वहाँ उन्हें विष्णु दिखाई पड़े, तब उन्होंने उपहास कर हँसते हुए कहा, "अरे महान् विष्णु, जब तुम हमारे मुकाबले स्वयं इतने शक्तिहीन हो तो तुम औरों की रक्षा कैसे कर सकते हो?"

श्रीविष्णु के उत्तर की प्रतीक्षा किए बिना उन राक्षसों ने चारों ओर दृष्टि दौड़ाकर देखा और उन्हें वैकुंठ पसंद आ गया। उन्होंने कहा, "अपना यह आवास तुम हमें क्यों नहीं दे देते? हम यहाँ रहने के अधिक योग्य हैं। चलो, हम तुम्हें अवसर देते हैं कि तुम हमें हराकर दिखाओ।"

विष्णु ने शांत भाव से कहा, "चलो, युद्ध कर लेते हैं।"

जब दोनों पक्षों में बहस चल ही रही थी, तभी विष्णु ने पार्वती का ध्यान किया, 'आपने इन राक्षसों को ऐसी शक्ति दी है, इसलिए इनके कार्यों के लिए आप उत्तरदायी हैं। मुझे आपकी सहायता चाहिए।'

पार्वती ने तुरंत आश्वस्त किया, 'घबराइए मत भगवन्! मैं असुरों के मस्तिष्क में प्रवेश कर जाऊँगी और आपको अवसर दूँगी कि आप उन पर अपना जादू चला सको।'

कुछ समय तक लड़ाई के बाद दोनों राक्षस कुछ देर आराम करना चाहते थे। उन्होंने विष्णु से पूछा, "क्या तुम अगले दौर के युद्ध से पूर्व थोड़ा विश्राम करना चाहते हो?"

"अवश्य, हमें विश्राम कर लेना चाहिए। हमें योद्धा की तरह एक-दूसरे का सम्मान करना चाहिए।"

जब वे विश्राम कर रहे थे, तब दोनों भाइयों ने श्रीविष्णु पर तरस खाते हुए कहा, "तुमने ब्रह्मा के कारण हमसे लड़ाई मोल ले ली। हमारी तुमसे कोई शत्रुता

नहीं है। हम तुम्हारी तरह की टक्कर देने वाला प्रतिपक्षी पाकर बहुत प्रसन्न हैं। हम तुम्हें कोई वरदान देना चाहेंगे। बताओ, क्या चाहिए तुम्हें ?"

उन्हें पूर्ण विश्वास था कि विष्णु युद्ध रोक देने की माँग करेंगे।

विष्णु तुरंत समझ गए कि उनसे पार्वती यह कहलवा रही हैं। उन्हें पता था कि उन्हें क्या करना है। विष्णु ने तुरंत कहा, "आप दोनों सम्मानित योद्धा हैं और आपने मुझे वरदान माँगने का अवसर दिया, उसके लिए मैं आप लोगों का आभारी हूँ। मैं चाहता हूँ कि आप दोनों मेरे हाथों मारे जाएँ।"

जो करना था, वह हो चुका था। देवी अब राक्षसों के मस्तिष्क से जा चुकी थीं। मधु और कैटभ को अब अपनी गलती समझ आई, किंतु अब बहुत देर हो चुकी थी। दिया गया वचन निभाना ही था। मन मारकर वे विष्णु के हाथों मरने को राजी हुए।

अपनी जीत के बाद भी विष्णु दुःखी थे, क्योंकि उन्हें छल करना पड़ा था। इसलिए उन्होंने राक्षसों से कहा, "तुम लोग अपने जीवन के अलावा और कुछ भी माँग सकते हो। मैं तुम्हारी माँग पूरी करने का भरपूर प्रयास करूँगा।"

उन्होंने कहा, "हे भगवान्! हमारी मृत्यु के बाद हम चाहते हैं कि हम दोनों के नाम से अलग-अलग मंदिर बनें। हम पार्वतीजी के भक्त हैं, इसलिए हम चाहते हैं कि प्रत्येक मंदिर में एक 'ऐश्वर्यलिंग' भी हो।"

विष्णु ने सहमति में सिर हिलाया और उसके बाद सुदर्शन चक्र से दोनों का वध कर दिया।

बाद में, वरदा नदी के तट पर, जहाँ दोनों राक्षसों की मृत्यु हुई थी, मधुकेश्वर मंदिर का निर्माण किया गया। उसके पास ही कैटभेश्वर मंदिर का निर्माण किया गया। दोनों मंदिरों में शिवलिंग की भी स्थापना की गई।

आज वे दोनों मंदिर कर्नाटक में हैं और उनमें करीब 20 किलोमीटर की दूरी है। उनमें से एक बनवासी में, जबकि दूसरा कोटपुरा में है।

□

श्रीमती का स्वयंवर

बहुत समय पहले की बात है, अंबरीष नाम का एक राजा था। उसके एक सुंदर पुत्री थी—श्रीमती। वह बहुत प्यारी सी राजकुमारी थी और राजा उसके लिए एक योग्य वर की तलाश कर रहे थे।

ब्रह्माजी के मानस पुत्र नारद अविवाहित थे। विवाह की बात कभी उनके मन में आई ही नहीं और वे अपना तंबूरा लेकर भगवान् विष्णु के भजन करते हुए विश्व भर में भ्रमण करने में मग्न रहते थे।

एक दिन नारद और एक युवा ऋषि पर्वत अंबरीष के महल में जा पहुँचे। राजा ने अपने परिवार से ऋषियों की सेवा पूरे मनोयोग से करने को कहा।

राजकुमारी श्रीमती ऋषियों के लिए पानी लेकर आई। जैसे ही नारद और पर्वत दोनों ने राजकुमारी को देखा, वे आकंठ उसके प्रेम में डूब गए।

पर्वत ने अंबरीष से पूछा, "महाराज, क्या आप अपनी पुत्री के लिए वर ढूँढ़ रहे हैं?"

राजा ने कहा, "हाँ, मुनिवर! यदि आपकी दृष्टि में कोई योग्य वर हो तो कृपया मुझे बताएँ।"

पर्वत ने स्पष्ट कहा, "सच यह है राजन्, कि मैं आपकी पुत्री से प्रेम करने लगा हूँ और मैं उससे विवाह करना चाहता हूँ।"

राजा अंबरीष आश्चर्य में पड़ गए। अपनी पुत्री का विवाह किसी ऋषि-मुनि से करने की बात उन्होंने कभी सोची नहीं थी। किंतु इससे पहले कि राजा कोई उत्तर

देते, नारद बीच में कूद पड़े और कहा, "हे राजन्, मैं भी आपकी पुत्री के प्रेम में पड़ गया हूँ। मैं भी उससे विवाह करना चाहता हूँ।"

अंबरीष अपना आश्चर्य छुपा नहीं पाए। ऋषि पर्वत नारद की बात सुनकर विचलित हो गए। उन्होंने कहा, "मैंने पहले राजकुमारी से विवाह करने की बात कही थी। ऐसे में उससे मेरा ही विवाह होना चाहिए। मैं आयु में भी उसके आस-पास ही हूँ, ऐसे में मैं ही अधिक योग्य हूँ।"

नारद ने तुरंत कहा, "किंतु मैं आयु और ज्ञान दोनों में आपसे वरिष्ठ हूँ। पूरा संसार मेरा सम्मान करता है। मैं ब्रह्माजी का पुत्र हूँ। इस प्रकार यह बिल्कुल स्पष्ट है कि मैं अधिक योग्य उम्मीदवार हूँ।"

दोनों में बहस तब तक चलती रही, जब तक कि अंबरीष ने हस्तक्षेप नहीं किया। उन्होंने कहा, "मुनिवर, मेरी केवल एक पुत्री है और बात उसके भविष्य की है। मुझे लगता है कि हमें आज यहीं रुकना चाहिए। इससे श्रीमती को भी आप लोगों के प्रस्ताव पर सोचने का कुछ समय मिल जाएगा। मैं आप दोनों को आमंत्रित करता हूँ कि आप लोग कल फिर आएँ, औपचारिक रूप से स्वयंवर के लिए, जहाँ वह अपने लिए वर का चुनाव करेगी। मैं अनुरोध करूँगा कि तब तक आप लोग कोई उससे बात न करें, क्योंकि यह आप दोनों के लिए उचित नहीं होगा कि आप लोग उसे प्रभावित करने का प्रयास करें।"

राजा अंबरीष की बात से दोनों ऋषि शांत हुए। वे दोनों अगले दिन वापस आने और राजकुमारी के निर्णय का सम्मान करने को सहमत हो गए।

हालाँकि दोनों दरबार से अप्रसन्न होकर वापस लौटे और उनके मन में असुरक्षा की भावना भी थी।

नारद ने सोचा, 'हो सकता है कि पर्वत सही हो। वह मुझसे छोटा है और पहले विवाह का प्रस्ताव उसने ही दिया था। हो सकता है कि राजकुमारी उसे ही चुने।'

उधर पर्वत सोच रहा था, 'इस बात की अधिक संभावना है कि नारद की लोकप्रियता और उनकी पारिवारिक पृष्ठभूमि को देखते हुए श्रीमती उन्हें ही चुने। मुझे लगता है कि उनके चुने जाने की संभावना मुझसे अधिक है।'

पर्वत के मन में यह बात आते ही उसने स्थिति अपने पक्ष में करने के लिए कुछ कदम उठाने का फैसला किया। वह देर रात भगवान् विष्णु के आवास पर गए।

श्रीविष्णु उनको इतनी रात को अपने यहाँ देखकर आश्चर्यचकित हुए। उन्होंने पूछा, "अर्धरात्रि में तुम यहाँ कैसे? क्या कुछ अप्रिय हुआ है?"

पर्वत ने कहा, "भगवन्! मैं···मैं श्रीमती से विवाह करना चाहता हूँ।"

"तो ठीक है, करो। इसके बारे में बात तो तुम्हारे और श्रीमती के बीच होनी चाहिए। इसमें मुझे तो कुछ नहीं करना है।"

पर्वत ने सिर झुकाकर कहा, "भगवन्! मुझे अपनी पूरी बात कह लेने दीजिए। मुझे आपकी सहायता की बहुत अधिक आवश्यकता है। नारद भी राजकुमारी से विवाह करना चाहते हैं और कल राजदरबार में स्वयंवर में नारद भी होंगे। मैं आपसे अनुरोध करता हूँ कि कल जब स्वयंवर में श्रीमती नारद की ओर देखे तो उसे वानर का चेहरा दिखाई पड़े।"

भगवान् विष्णु मुसकराए। मन-ही-मन हँस रहे थे कि प्रेम के लिए आदमी क्या-क्या कर जाता है! उन्होंने पर्वत को आशीर्वाद देते हुए कहा, "जैसा चाहोगे, वैसा ही होगा।"

उधर नारद भी बेचैन थे और बिस्तर पर लगातार करवटें बदल रहे थे। सोने के प्रयास के बावजूद नींद आँखों से कोसों दूर थी। उन्होंने सोचा, भगवान् विष्णु अवश्य मेरी सहायता कर पाएँगे। मैं उनका सच्चा भक्त हूँ।

कुछ घंटों बाद जब नारद ने श्रीविष्णु का द्वार खटखटाया, तब भगवान् को जरा भी आश्चर्य नहीं हुआ और मुक्त हृदय से उनका स्वागत किया। उन्होंने नारद से पूछा, "मेरे प्रिय भक्त, तुम इस समय यहाँ कैसे? क्या बात है?"

"भगवन्! कल श्रीमती का स्वयंवर है, जिसमें पर्वत मेरा प्रतिद्वंद्वी है। कृपया मेरी सहायता कीजिए, ताकि मैं ही विजयी बनूँ।"

भगवान् विष्णु ने कहा, "प्रिय नारद, स्वयंवर एक ऐसी व्यवस्था है, जो किसी स्त्री को बिना किसी दबाव के उसका मनपसंद वर चुनने की स्वतंत्रता देता है। यदि वह तुम्हें पसंद करेगी तो मुझे लगता है कि वह अपने आप ही तुम्हें चुन लेगी।"

नारद ने कहा, "भगवन्! बात यह है कि मैं पूरी तरह आश्वस्त होना चाहता हूँ कि वह मुझे ही चुनेगी। भगवन्, मैं हाथ जोड़कर आपसे प्रार्थना करता हूँ कि ऐसा कर दीजिए कि जब श्रीमती पर्वत की ओर देखे तो उसका चेहरा भालू की तरह लगे।"

विष्णु मुसकराए, "ठीक है।"

अगले दिन दोनों ऋषि जब सोकर उठे तो पूरे विश्वास के साथ स्वयंवर में जाने को तैयार थे।

राजा अंबरीष का महल फूलों से बहुत सुंदर ढंग से सजा हुआ था। एक माला काफी प्रमुखता से सजाई गई थी, जो वर के गले में डाली जानी थी।

दोनों ऋषि अपनी-अपनी जगह पर बैठे। दोनों को पूर्ण विश्वास था कि उनको ही चुना जाएगा।

निर्धारित समय पर श्रीमती ने अपने पिता के साथ प्रवेश किया। उसके हाथ में वह विशेष वरमाला थी।

श्रीमती ने स्वयंवर में शामिल होनेवालों की ओर देखा और फिर अपने पिता से धीरे से पूछा, "मुनिगण कहाँ हैं? मुझे केवल प्राणी दिख रहे हैं, जिनमें से एक का चेहरा वानर की तरह और दूसरे का चेहरा भालू की तरह दिख रहा है।"

राजा अंबरीष को आश्चर्य हुआ कि आखिर उनकी बेटी क्या कह रही है। उन्होंने ऋषियों की ओर देखा। वे बिल्कुल वैसे ही दिख रहे थे, जैसे कि एक दिन पूर्व थे। राजा ने धीरे से कहा, "नहीं, मेरी बेटी! ये दो मुनि हैं, जो तुमसे विवाह करना चाहते हैं। तुम्हें उन्हें निकट से जाकर देखना चाहिए।"

श्रीमती ऋषियों के निकट गई, किंतु तब भी उनके चेहरे वानर व भालू की तरह के दिख रहे थे। तब उसने उनसे कहा, "मैं नहीं जानती कि आप दोनों कौन हैं, किंतु आप वानर की तरह दिख रहे हैं और आप भालू की तरह। मैं आप दोनों में से किसी को नहीं चुन सकती। किंतु मुझे आप दोनों के बीच एक पुरुष खड़ा दिख रहा है।"

पर्वत और नारद ने एक-दूसरे की ओर देखा। फिर एक स्वर में कहा, "उसका वर्णन करो।"

"मुझे दिख रहा है कि पीली धोती पहने एक सुंदर पुरुष मेरी ओर देखकर मुसकरा रहा है। उसके शरीर का रंग हलका नीला है और वह एक हाथ में शंख, एक में गदा, एक में चक्र और एक में कमल का फूल लिये हुए है। चार हाथों में एक-एक वस्तु। वास्तव में, मैं किसी और कारण से उसकी ओर आकर्षित हुई हूँ। मैं उससे विवाह करना चाहती हूँ।"

ऋषियों को समझ आ गया कि वह व्यक्ति कोई और नहीं, बल्कि स्वयं विष्णु हैं।

पर्वत चिल्लाया, "भगवान्, आपने मुझसे छल किया! मैंने आपसे केवल नारद का चेहरा वानर की तरह करने को कहा था, किंतु आपने मेरा चेहरा भी बदल दिया। और आप यहाँ क्यों हैं?"

नारद ने भी ऐसा ही आरोप लगाया और कहा, "आपने मुझसे भी विश्वासघात किया! मुझे पता है कि आप यहाँ क्यों हैं! यह सब आपकी ही योजना थी। आप स्वयं राजकुमारी से विवाह करना चाहते थे।"

इस बहस के बीच ही श्रीमती ने वरमाला श्रीविष्णु के गले में डाल दी।

ऋषियों ने विष्णु से कहा, "आपके इस छल से हम बहुत आहत हुए हैं। एक समय ऐसा आएगा, जब आपको भालुओं और वानरों के साथ रहना पड़ेगा।"

भगवान् विष्णु ने स्वीकृति में सिर हिलाकर कहा, "जब मैं पृथ्वी पर राम के रूप में जन्म लूँगा, तब भालू और वानर मेरे सबसे अच्छे मित्र और समर्थक होंगे।"

विष्णु ने कहा, "सच यह है कि तुम दोनों ने जो माँगा, मैंने दिया। तुम दोनों ने तो एक-दूसरे को धोखा दिया। मैंने तो यहाँ आकर स्वयंवर में शामिल होने का निर्णय तब किया, जब आप दोनों ने स्वार्थवश मुझसे संपर्क किया। अब राजकुमारी ने मुझे चुना है।"

उन्होंने कहा, "प्रिय मुनियो, मुझे नहीं लगता कि आप लोगों को पता है कि श्रीमती कौन है? वह लक्ष्मी का अवतार है और वह केवल मेरी हो सकती है। यह घटना आप लोगों के लिए सबक होनी चाहिए, ताकि फिर कभी आप लोग छल का सहारा न लें।"

नारद और पर्वत अपने व्यवहार पर लज्जित हुए और चुपचाप सिर झुकाकर वहाँ से चले गए।

यह सबक कभी भुलाया नहीं जा सकता।

□

मायाजाल

नारद मुनि कभी भी, कहीं भी आ-जा सकते थे। चाहे आकाश हो या पाताल या धरती, वे पल में कहीं भी पहुँच सकते थे। उनके पास न तो कोई घर था और न ही कोई वाहन और वे कई तरह की गलतफहमियाँ फैलाने के लिए कुख्यात थे।

लेकिन सदैव वे सच का साथ देते थे और उनकी बातों को लोग गंभीरता से लेते थे। देवता, राक्षस और मनुष्य—सभी उनका स्वागत करते थे।

नारद को जो भी मिल जाता था, उससे वे उनकी तरह ऋषि बन जाने और लगातार विष्णु की पूजा करने को कहते थे। इससे उनके पिता ब्रह्मा बहुत परेशान हो गए। उन्होंने अपने पुत्र से कहा, "देखो, तुम जो करना चाहते हो, वह करने के लिए स्वतंत्र हो। तुम्हारे पास बहुत कम दायित्व हैं और तुम्हें कोई लगाव नहीं है। किंतु पृथ्वी पर पैदा हुए मनुष्य के पास चिंता के अनेक कारण हैं और हर एक को अपने हिस्से के दु:ख तो भोगने ही पड़ेंगे। यह मत सोचो कि तुम्हें पता है कि दूसरों के लिए क्या सबसे अच्छा है, विशेष तब, जबकि नश्वर जीवन, विवाह और बच्चे तथा सुख-दु:ख के बारे में तुम्हें कोई समझ नहीं है।"

नारद ने अपने पिता ब्रह्माजी की बातों पर कोई ध्यान नहीं दिया और उनकी ओर देखकर उपहासपूर्ण ढंग से हँसते हुए वहाँ से चले गए।

कुछ दिन बाद नारद विष्णु के पास पहुँचे और ब्रह्माजी से हुई उनकी बातचीत का उल्लेख किया।

विष्णु रहस्यमय ढंग से मुसकरा दिए। अचानक वे खाँसे और अपने भक्त की

ओर देखकर बोले, "मुझे बहुत प्यास लगी है। क्या तुम वहाँ स्थित झील से थोड़ा जल ला दोगे?"

नारद कमंडलु हाथ में लेकर जल्दी से पानी लेने चल दिए। झील में कमंडलु डुबोकर पानी लेते समय उन्हें पानी के नीचे सफेद चमकती हुई सीढ़ियाँ दिखाई पड़ीं। उन्हें उत्सुकता हुई और वे अपने को नीचे जाने से नहीं रोक पाए। नारद के पास कहीं भी जाने की शक्ति थी, इसलिए वे पानी में गहराई तक पहुँच गए। थोड़ी देर में एक बड़ा सा महल दिखाई पड़ा। महल के सामने भाग में बने बगीचे में एक सुंदर स्त्री बैठी हुई थी और फूलों की माला बना रही थी।

नारद ने आश्चर्य से पूछा, "आप कौन हैं?"

स्त्री ने कहा, "मैं इस महल की राजकुमारी हूँ।"

"यह माला किसके लिए बना रही हो?"

"निश्चित रूप से श्रीविष्णु के लिए। मैं उनकी उपासक हूँ और पूजा के लिए माला बना रही हूँ।"

नारद स्त्री की भक्ति और सुंदरता पर मोहित हो गए और उसके साथ पूजा में बैठ गए। पूजा समाप्त होते-होते वे उसके प्रेम में पड़ गए और उसे विवाह का प्रस्ताव दे दिया।

उसने शरमाते हुए विवाह के लिए सहमति दे दी।

एक भव्य समारोह में दोनों का विवाह हुआ और नारद पानी के नीचे बने महल में राजकुमारी के साथ रहने लगे।

कई दशक बीत गए और नारद साठ बच्चों के पिता बन गए। उनका यह जीवन बहुत खुशहाल था।

एक दिन अचानक भयंकर झंझावात आया और महल धराशायी हो गया। नारद ने अपने परिवार को बचाने का पूरा प्रयास किया, किंतु सफल नहीं हुए। उनकी आँखों के सामने ही एक-एक करके उनके सभी बच्चों की मृत्यु हो गई।

नारद और उनकी पत्नी अपनी विवशता पर फूट-फूटकर रोने लगे। अचानक एक ऊँची लहर उठी और उनकी पत्नी उसमें बह गई। वे कोई प्रतिक्रिया व्यक्त कर पाते, इससे पहले ही स्वयं भी तेज लहरों की चपेट में आ गए। नारद ने प्राण बचाने के लिए एक पेड़ को कसकर पकड़ लिया, तभी उन्हें भगवान् विष्णु की याद आई। मृत्यु को निश्चित मान उन्होंने आँखें बंद कर कहना शुरू कर दिया, "भगवन्! मुझे बचा लीजिए, बचा लीजिए।" वे भयभीत हो गए। उन्हें ज्ञात हुआ कि जो जीवन मुझे

मिला है, वह मेरे लिए महत्त्वपूर्ण है। मैं जीवित रहना चाहता हूँ।

तब उन्होंने अनुभव किया कि किसी ने उनके कंधे पर हाथ रखा। उन्होंने आँखें खोलीं तो देखा कि श्रीविष्णु उनके पास खड़े हैं। झंझावात रुक चुका था और सबकुछ शांत एवं सूखा था।

"नारद, क्या बात है?" भगवान् विष्णु ने पूछा।

नारद ने अविश्वास के साथ उनसे पूछा, "क्या झंझावात गुजर गया?"

"क्यों, क्या हुआ?"

नारद रोने लगे, "मेरी पत्नी और बच्चे—सब मारे गए और अब मेरे पास कुछ भी नहीं है! उनके बिना मेरे जीवित रहने का कोई अर्थ नहीं है।"

भगवान् विष्णु ने मुँह दबाकर हँसते हुए कहा, "प्रिय नारद, तुम क्या बात कर रहे हो? मैंने तो तुम्हें मात्र पानी लाने भेजा था और तुम यहाँ बैठकर दिन में ही सपने देखने लगे। अपने चारों ओर देखो। यहाँ कोई झंझावात नहीं है। अब बताओ मुझे, तुम क्यों परेशान हो?"

नारद ने भौंचक्के होकर अपने चारों ओर देखा और फिर भगवान् विष्णु को पूरी कहानी सुना दी।

भगवान् ने अंत में स्वीकार किया, "वह मायाजाल मैंने ही तुम्हारे लिए बुना था। न तो तुम्हारा विवाह हुआ और न ही तुम्हारे बच्चे हुए हैं। हो सकता है कि अब तुम्हें समझ आए कि लगाव किसे कहते हैं और आम आदमी के लिए कितना कठिन होता है सब मोह-माया छोड़ देना। अगर तुम्हारे जैसा ऋषि मायाजाल में फँस सकता है तो कल्पना करो कि औरों की क्या स्थिति होती होगी? प्रिय भक्त, तुम्हारे पिता बिल्कुल सही थे।"

नारद ने शर्म से अपना सिर झुका लिया।

श्रीविष्णु मुसकराए और कहा, "मैं चाहता हूँ कि लोग इस अनोखी घटना को याद रखें और इसलिए तुम्हारे साठ बच्चों के नाम पर 'संवत्सर' के प्रत्येक साठ वर्ष के नाम होंगे। साठ वर्ष की समाप्ति पर यह क्रम दोहराया जाएगा।"

इस तरह भारतीय पंचांग या संवत्सर की शुरुआत हुई।

□

विवाह ऋण

एक दिन जब ऋषि कश्यप दो अन्य ऋषियों के साथ गंगातट पर यज्ञ कर रहे थे, तब ब्रह्मांड भर में घूमनेवाले नारद मुनि वहाँ पहुँचे। नारद ने उनसे पूछा, "हे मुनिवर! इस यज्ञ से आप किस देवता को प्रसन्न करना चाहते हैं?"

मुनियों में सहमति नहीं थी, इसलिए उन्होंने भृगु ऋषि से ब्रह्मा, विष्णु और शिव के पास जाने और यह पता लगाने को कहा कि उनकी पूजा से कौन से देवता प्रसन्न होंगे।

पहले भृगु ब्रह्माजी के आवास—सत्यलोक गए। वहाँ उन्होंने ब्रह्मा और सरस्वती को देखा, जो वेदों का पाठ करने में व्यस्त थे। उनका ध्यान अपनी ओर आकर्षित किए बिना वे चुपचाप वहाँ से कैलास पर्वत रवाना हो गए। जब वे कैलास पर्वत पर पहुँचे तो उन्होंने देखा कि शिव और पार्वती गहन तपस्या में लीन हैं। भृगु वहाँ से विष्णु के आवास वैकुंठ के लिए निकल पड़े।

भृगु जब वैकुंठ पहुँचे, तब उन्होंने देखा कि विष्णु आदिशेष सर्प पर विश्राम कर रहे हैं। देवी लक्ष्मी उनके पैरों के पास बैठी हैं और वे पूरी तरह अपनी पत्नी पर मोहित हो रहे हैं। भृगु मुनि यह देखकर चिंतित हो गए। उन्होंने मन-ही-मन कहा कि भगवान् कोई भी महत्त्वपूर्ण काम नहीं कर रहे हैं। यहाँ तक कि उन्होंने मुनि को भी नहीं देखा। इससे क्षुब्ध होकर भृगु ऋषि ने विष्णु के पास जाकर उनके वक्षस्थल के बाईं ओर लात मार दी।

विष्णु अपने भक्तों के प्रति बहुत सहृदय माने जाते हैं। भृगु के लात मारने पर

वह केवल उठे और उनका बायाँ पैर दबा दिया, मानो वह उन्हें संतुष्ट करना चाह रहे हों। इसका वास्तविक कारण कुछ और ही था। विष्णु को पता था कि भृगु के पैर के नीचे एक शक्तिशाली आँख है, जिसकी वजह से भृगु ने इतना उग्र व्यवहार किया था। मुनि के पैर दबाने के बहाने विष्णु ने उनके पैर से वह आँख निकाल ली। तुरंत भृगु का व्यवहार बदल गया। वे शांत हो गए और भगवान् से क्षमा-प्रार्थना की। उस क्षण भृगु को समझ आया कि विष्णु ही वे देवता हैं, जो नदी के किनारे हो रहे यज्ञ से सबसे अधिक प्रसन्न होंगे।

भृगु के अन्य मुनियों को यह बात बताने के लिए रवाना होने के बाद लक्ष्मी ने खीझते हुए कहा, "भगवन्! मैं जानती हूँ कि आपके भक्त आपको प्रिय हैं, किंतु आपको यह भी ध्यान रखना होगा कि वे आपका असम्मान न करें। भृगु महान् हो सकते हैं, किंतु उन्होंने आपके साथ जो व्यवहार किया, वह अनुचित था और आपने उनसे कुछ भी नहीं कहा।"

विष्णु ने उन्हें शांत करने का प्रयास किया और उन्हें भृगु की तीसरी आँख के बारे में बताना चाहते थे, किंतु लक्ष्मी उनकी कोई भी बात सुनने को राजी नहीं थीं। उन्होंने कहा, "भृगु ने आपके वक्षस्थल में बाईं ओर लात मारी और वहीं आपके हृदय में मैं रहती हूँ। अब आप मुझसे कैसे आशा करते हैं कि मैं वहाँ रहूँ?"

आहत और विचलित लक्ष्मी करवीरपुरा नामक स्थान पर चली गईं।

लक्ष्मीजी के बिना श्रीविष्णु वैकुंठ में अकेलापन अनुभव करने लगे, इसलिए वे भूलोक में चले आए। चोल राजा के राज्य में उन्होंने एक पहाड़ की चोटी पर बने एक इमली के पेड़ के नीचे गुफा जैसे स्थान में आश्रय लिया। वे यह नहीं समझ पाए कि वे दीमक के पहाड़ों के बीच आ गए हैं। उन्होंने खाना-पीना छोड़कर तपस्या आरंभ कर दी। इस बीच उनके चारों ओर दीमक के और ऊँचे पहाड़ बन गए।[11]

इस बीच ब्रह्मा और शिव श्रीविष्णु के लिए दुःखी थे और उन्होंने निर्णय किया कि वे कम-से-कम इतना करेंगे कि विष्णु के लिए पीने को कुछ अवश्य हो। इसलिए उन्होंने गाय और बछड़े का रूप धारण कर लिया और चोल राज्य की गायों में शामिल हो गए तथा उसी पहाड़ पर चरने लगे, जहाँ श्रीविष्णु तपस्या कर रहे थे।

---

11. विष्णु ने जहाँ तपस्या की थी, उस जगह को अब तिरुमला पहाड़ियाँ कहा जाता है और उसके नीचे के क्षेत्र को गोविंदराजपटनम या तिरुपति कहा जाता है।

जब राजा के चरवाहे गायों को पहाड़ों पर ले गए, तब वह गाय और बछड़ा दीमक के उस पहाड़ के पास चले गए। गाय ने जान-बूझकर दीमक के पहाड़ के बीच-बीच के क्षिद्रों में से अपना दूध गिराना शुरू कर दिया और वह दूध टपककर श्रीविष्णु के मुँह में चला गया।

कुछ दिन बाद राजा की रसोई में काम करनेवाले बहुत चिंतित हो गए। जब भी वे नई गाय को दुहने का प्रयास करते तो वे देखते थे कि उसके थनों में दूध ही नहीं है। चरवाहा चिंतित हो गया कि लोग कहीं यह न सोचें कि वह नई गाय का दूध पी जाता है। इसलिए उसने तय किया कि जब नई गाय चर रही होगी, तब वह उस पर दृष्टि रखेगा।

अगली सुबह उसने गाय को जाने दिया और कुछ दूर से उस पर दृष्टि रखी। रोज की तरह गाय ने दीमक के पहाड़ पर अपने थन रख दिए और दूध बहकर उसके अंदर जाने लगा। झाड़ियों के पीछे से यह सब देख रहे चरवाहे को क्रोध आ गया। उसने अपनी कुल्हाड़ी निकाली और गाय को मारने दौड़ा। ध्यान में मग्न होने के बावजूद विष्णु को संकट का अंदाजा हो गया। वे गाय को बचाने के लिए दीमक के पहाड़ से बाहर आ गए। चरवाहा इससे हड़बड़ा गया और भूमि पर गिरकर सदमे से उसकी मृत्यु हो गई। किंतु इस दौरान उसके हाथ की कुल्हाड़ी श्रीविष्णु के माथे पर जा लगी और उससे रक्त बहने लगा, जिसके छींटे गाय के शरीर पर जा पड़े और गाय उसी तरह महल में लौट गई।

गाय के शरीर पर रक्त के छींटों की खबर राजा को भी मिली। उन्हें समझ आ गया कि कुछ ऐसी बात है, जो पता नहीं चल पा रही है। इसलिए उन्होंने नित्य की तरह अगले दिन भी गाय को छोड़ दिया और जिस प्रकार चरवाहा पीछा करता हुआ गया था, उसी प्रकार राजा भी उसके पीछे चल दिए। गाय रोज की तरह दीमक के पहाड़ पर पहुँच गई। राजा ने वहाँ मानव का रूप धरे विष्णु को पहचान लिया।

विष्णु बहुत परेशान थे। उन्होंने कहा, "हे राजन्! आपके महल का चरवाहा (गायों का रक्षक) अपनी ही गायों में से एक की हत्या करने जा रहा था। वह आपका सेवक था, ऐसे में उसके स्वामी होने के नाते उसकी अपराध के लिए आप उत्तरदायी हैं। इसलिए आपको दंड दिया जाएगा। आप अगला जन्म राक्षस के रूप में लेंगे।"

राजा ने विनती की कि मैं निर्दोष हूँ और श्राप वापस लेने की विनती करने लगा। श्रीविष्णु को दया आ गई। उन्होंने कहा, "अपना दंड पूरा करने के बाद आप राजा के रूप में जन्म लेंगे—आकाश राजा।"

इसके बाद विष्णु वह राज्य छोड़कर चले गए और वनों में भटकने लगे।

एक शताब्दी से अधिक समय बीत जाने के बाद विष्णु की भविष्यवाणी सही निकली।

आकाश राजा ने टोंडामंडलम में जन्म लिया और वहाँ के राजा बने। राजा के पास सबकुछ था, किंतु कोई संतान नहीं था। तब उन्होंने यज्ञ करने का निर्णय लिया। इसकी एक रस्म के अनुसार, राजा को कुछ खेत जोतने होते थे। राजा ने जैसे ही हल को छुआ, वह एक बड़े कमल के फूल में बदल गया। जब उन्होंने उस जादुई कमल को ध्यान से देखा तो उन्हें उसके अंदर एक नन्ही बच्ची दिखाई दी। राजा ने अपनी पत्नी से कहा, "देखो, भगवान् ने हमें क्या वरदान दिया है! हम इसका नाम पद्मावती रखेंगे, क्योंकि इसका जन्म कमल से हुआ है।"

वर्षों बीत गए और पद्मावती देखते-देखते एक सुंदर राजकुमारी बन गई।

अब तक विष्णु का एक और नाम (श्रीनिवास) पड़ चुका था और वे हमेशा टोंडामंडलम की सात पहाड़ियों में घूमा करते थे।

इसी स्वरूप में विष्णु की भेंट बकुला देवी नाम की एक स्त्री से हुई। श्रीनिवास को देखते ही बकुला के हृदय में मातृत्व जाग उठा। श्रीनिवास मुसकराए और उनका पुत्र बनना स्वीकार कर लिया, क्योंकि उन्हें पता था कि बकुला श्रीकृष्ण को पालने वाली माता यशोदा का अवतार है।

यशोदा ने अपने वास्तविक जीवन में कृष्ण का पालन-पोषण किया था, किंतु वह उनके आठ विवाहों में से एक भी नहीं देख पाई थी, जिससे वह बहुत दुःखी हुई थी और कृष्ण ने वचन दिया था कि उनके एक जन्म में उनका विवाह वे ही करवाएँगी।

एक दिन श्रीनिवास सात पहाड़ियों में से एक वेंकटाद्रि में आखेट करने गए। वे एक हाथी का पीछा करते-करते हुए राजमहल के बगीचे में पहुँच गए, जहाँ पद्मावती और उनकी सहेलियाँ फूल तोड़ रही थीं। जंगली हाथी बगीचे से होकर भागते हुए अदृश्य हो गया और वहाँ उपस्थित लड़कियाँ डरकर चीख उठीं। हाथी को देखकर राजकुमारी और उसकी सहेलियाँ डर गई थीं।

जब श्रीनिवास हाथी को ढूँढ़ते हुए बगीचे में घुसा तो राजकुमारी और वहाँ उपस्थित सहेलियों ने सोचा कि वह कोई घुसपैठिया है, इसलिए उन्होंने उस पर पत्थर फेंका। श्रीनिवास ने जैसे ही पद्मावती को देखा, वह हाथी को भूल गया और राजकुमारी के प्रेम में पड़ गया। उसके मन में राजकुमारी से विवाह की इच्छा पैदा

हुई। पद्मावती भी इस रहस्यमय अजनबी के प्रेम में पड़ गई, जिसका पता श्रीनिवास को नहीं चल सका।

श्रीनिवास बगीचे से बाहर निकलकर तेजी से घर की ओर चल दिया, ताकि अपनी माता को उस राजकुमारी और उससे विवाह की अपनी इच्छा के बारे में बता सके। पद्मावती से प्रेम के बारे में सुनने के बाद बकुला देवी श्रीनिवास की सहायता करने को राजी हो गईं। उन्होंने कहा कि वे राजा और रानी से मिलने जाएँगी और उनसे अपने पुत्र के लिए राजकुमारी का हाथ माँगेंगी, किंतु श्रीनिवास को धैर्य रखना होगा और कुछ प्रतीक्षा करनी होगी।

इस बीच पद्मावती उस सजीले अजनबी को भूल नहीं पा रही थी। वह उसके बारे में कुछ नहीं जानती थी और उसे अपने दिल की बात अपने माता-पिता से बताने में लज्जा आ रही थी। दिन बीतते गए और राजकुमारी निराश रहने लगी। इससे उसका स्वास्थ्य खराब रहने लगा।

बकुला देवी ने भविष्यवक्ता बनकर पद्मावती और उसकी सहेलियों से अचानक मिलने की योजना बनाई। पद्मावती की सहेलियों ने भविष्यवक्ता को बताया कि राजकुमारी के मन में एक सुंदर अजनबी घूम रहा है। उन्होंने भविष्यवक्ता से कहा कि वह राजकुमारी के भविष्य के बारे में बताएँ।

भविष्यवक्ता ने कहा, "इसका विवाह उसी व्यक्ति से होगा, जिसे यह प्रेम करती है और वही इसके लिए सबसे योग्य वर होगा।"

कुछ दिन बाद बकुला राजमहल पहुँची और राजा एवं रानी से भेंट कर उन्हें पद्मावती का विवाह श्रीनिवास से करने के लिए सहमत कर लिया। दोनों का विवाह तय हो गया। सभी विवाह समारोह में आना चाहते थे, किंतु श्रीनिवास के पास इतना धन नहीं था, क्योंकि लक्ष्मीजी उन्हें काफी पहले ही छोड़कर जा चुकी थीं। धन के देवता कुबेर ने उन्हें विवाह के लिए ऋण देने का प्रस्ताव दिया और इस तरह श्रीनिवास और पद्मावती का विवाह नारायण वनम् में एक भव्य समारोह में संपन्न हुआ।

विवाह समारोह में लक्ष्मी नवदंपती को आशीर्वाद देने आईं और श्रीनिवास से कहा, "ऋण के लिए चिंतित मत होओ। मैं सदैव तुम्हारे भक्तों के घर में रहूँगी, जो तुम्हें ऋण चुकाने में सहायता करेंगे।"

धर्मग्रंथों के अनुसार, अनेक युग हैं, जिनमें से कलियुग अंतिम युग है। जब कलियुग आया तो श्रीनिवास ने अपने निवास पर वापस लौटना चाहा और सभी ऋषियों ने उनसे अनुरोध किया कि वे इस युग में वहीं रहें और पर्वत पर बैठकर

सबकी सुरक्षा करें। राजकुमारी पद्मावती ने पति के साथ नहीं जाने का निर्णय किया और वहीं रुक गईं। वह 'अलामेलुमंगा' के नाम से लोकप्रिय हुईं और कमल पर बैठी एक देवी के रूप में प्रतिष्ठित हुईं।

विष्णु हालाँकि शेषाद्रि पहाड़ियों पर चले गए। वह पहाड़ी 'वराहस्वामी' नामक देवता की थी, जिन्हें इस बात की चिंता हो गई कि लोग उनकी बजाय अधिक लोकप्रिय श्रीनिवास की पूजा करेंगे; किंतु विष्णु ने उन्हें वचन दिया कि भक्तगण पहले वराहस्वामी मंदिर जाएँगे, उसके बाद ही तिरुमला जाएँगे।

विष्णु चार हाथोंवाली पत्थर की मूर्ति में बदल गए। उनके एक हाथ में शंख और एक हाथ में चक्र है। तीसरे हाथ की हथेली नीचे की तरफ है, जो वैकुंठ को दिखाती है, जबकि चौथा हाथ मुट्ठी बंद है। श्रीनिवास को 'वेंकटेश्वर' भी कहा गया, क्योंकि अब उन्हें वेंकटाद्रि पहाड़ का राजा माना जाने लगा।

ऐसा माना जाता है कि वेंकटेश्वर कुबेर का ऋण चुकाने से पूर्व ही पत्थर की मूर्ति में बदल गए थे। उनके भक्तों ने उनका ऋण चुकाने का निर्णय किया और आज के तिरुपति मंदिर में भारी दान दिया। कहा जाता है कि ऋण इतना अधिक था कि मंदिर आनेवाले भक्तों से प्रत्येक दिन जो धन मिलता है, उससे केवल ब्याज ही चुकाया जाता है। कहा जाता है कि एक देवता गोविंदराज, जो वेंकटेश्वर के मुँहबोले भाई थे, मंदिर में पहुँचने वाले धन की गिनती करते थे। किंतु गिनते-गिनते वे थक गए और सो गए। इसलिए वे भी मूर्ति में परिवर्तित हो गए। उनकी मूर्ति गोविंदराजपट्टनम में देखी जा सकती है।

लक्ष्मी की भी एक मूर्ति है, जिसकी हथेली खुली हुई है। ऐसा लगता है कि वे अपने भक्तों को धन-दौलत का वरदान दे रही हैं। यह प्रतिमा हुंडी के बगल में बनी हुई है और सभी भक्त उनके आगे झुककर उनसे कृपा बनाए रखने की प्रार्थना करते हैं।

हर साल पद्मावती और लक्ष्मी के मंदिरों को भगवान् वेंकटेश्वर की ओर से साड़ी उपहार के रूप में दी जाती है।

तिरुमला और उसके देवी-देवताओं की पूजा हजारों वर्षों से हो रही है। अनेक राजा-रानियों, राजकुमार एवं राजकुमारियों ने मंदिर के विकास के लिए काफी उदारता से दान दिया है। समय बीतने के साथ

ही वास्तविक मंदिर में विभिन्न शैली की स्थापत्य कला भी जुड़ती चली गई और इसे आज भी देखा जा सकता है। विष्णु की महिमा का गान करते हुए अनेक भजन भी बने। श्रीनिवास, जिन्हें 'बालाजी' भी कहते हैं, की पूजा के लिए पूरे देश से लोग आते हैं। भक्तों का विश्वास है कि भगवान् वेंकटेश्वर की प्रतिमा की एक झलक ही अपने आप में बहुत सुखद है, क्योंकि मूर्ति के रूप में यहाँ वास्तव में भगवान् का वास है। भगवान् के दर्शन के लिए मंदिर आने और दान देनेवाले भक्तों की संख्या एक दिन में 65,000 से अधिक तथा त्योहार के समय लगभग 5 लाख तक पहुँच जाती है। इसी वजह से देवताओं के कोषाध्यक्ष कुबेर विश्व में सबसे धनवान् हैं।

करवीरपुरा को अब 'कोल्हापुर' कहा जाता है। ऐसा माना जाता है कि लक्ष्मी अभी भी वहाँ रहती हैं।

टोंडामंडलम की सात पहाड़ियों में से एक को 'गरुडाद्रि' कहा जाता है, क्योंकि इसका आकार गरुड़ से मिलता-जुलता है।

पद्मावती एक धर्मपरायण महिला वेदवती का अवतार थी, जिसने राम से विवाह करने के लिए कठोर तपस्या की थी। राम ने उससे कहा था, "वेदवती, इस जीवनकाल में मैं तुमसे विवाह नहीं कर सकता, किंतु मैं वचन देता हूँ कि अगले जन्म में तुम मेरी पत्नी बनोगी।"

□

हरिहर

एक राक्षस था—गुह। वह ब्रह्माजी का परम भक्त था। अन्य राक्षसों की तरह वह भी अमर होना चाहता था और अमरत्व प्राप्त करने की आशा में उसने ब्रह्माजी की आराधना की। उसकी तपस्या से प्रसन्न होकर भगवान् उसके समक्ष प्रकट हुए, किंतु इससे पहले कि गुह अपनी इच्छा व्यक्त करता, उन्होंने कहा, "गुहेश्वर, कृपया अमरत्व का वरदान मत माँगना। उसके अतिरिक्त और कुछ भी माँगो।"

गुह ने कहा, "प्रभु, तब ऐसा वरदान दें कि मुझे कोई भी मार नहीं पाए—न देवता और न ही मनुष्य।" उसे पता था कि अगर भगवान् उसे नहीं मार पाए तो कोई और नहीं मार सकता।

ब्रह्माजी ने कहा, "तथास्तु।"

गुह जल्दी ही राक्षसों का राजा बन गया और उसने उन सभी को परास्त कर दिया, जो उसके विरोधी थे। यहाँ तक कि उसने विद्वानों और ज्ञानी-गुणी लोगों पर भी अत्याचार किए। धरती पर शांति नहीं थी। हर तरफ अव्यवस्था फैली हुई थी।

लोगों ने शिव और विष्णु से सहायता की गुहार लगाई, "आपने उसे कैसा वरदान दिया है ? हमारी रक्षा कीजिए। या तो हमें मार डालिए या उसे मार डालिए। हम अब और सहन नहीं कर सकते। हम यहाँ नहीं रह सकते।"

भगवान् शिव और भगवान् विष्णु ने भक्तों को आश्वासन दिया कि वे इस पर ध्यान देंगे और इसके लिए कोई कदम उठाएँगे। किंतु कोई उपाय करना आसान नहीं था, क्योंकि ब्रह्मा ने यह वरदान दे दिया था कि कोई एक देवता भी गुह को नहीं हरा सकेगा।

श्रीविष्णु को एक उपाय सूझा। उन्होंने शिवजी से कहा, "यदि हम अपने शरीर आपस में जोड़ लें तो? तब तो हम एक देवता नहीं रह जाएँगे, बल्कि दो हो जाएँगे। और आपकी शक्ति एवं मेरा मस्तिष्क, दोनों मिलकर शायद गुह को मार सकें।"

शिवजी सहमत हो गए।

इस तरह शिव के शरीर का दायाँ भाग, जिसमें ललाट पर विराजमान अर्धचंद्र, जटाओं में बसी गंगा, हाथ में त्रिशूल, डमरू और तीसरी आँख का आधा हिस्सा शामिल था—विष्णु के शरीर के बाएँ भाग से मिल गया, जिसमें सुदर्शन चक्र, गदा, उनका मुकुट और गरुड़ शामिल थे।

इस नए अवतार को 'हरिहर' नाम दिया गया। यह अवतार बनते ही हरिहर सीधे गुह की ओर रवाना हुए। गुह इस नए रूप को देखते ही डरकर भागा, किंतु हरिहर ने शीघ्र ही तुंगभद्रा नदी के किनारे उसे पकड़ लिया। गुह ने आत्मसमर्पण कर दिया और कहा, "मुझे ज्ञान है कि मैं अब नहीं बच पाऊँगा, किंतु मेरी एक अंतिम इच्छा है। कृपया मुझे अपने पैरों तले रहने दीजिए।"

हरिहर ने अपना एक पैर राक्षस गुह के सिर पर रखा और वह पाताल लोक में चला गया। इस तरह पृथ्वी के लोगों को उसके अत्याचारों से मुक्ति मिली।

देवों के देव हरिहरेश्वर की पूजा भगवान् शिव और भगवान् विष्णु, दोनों के भक्त करते हैं। ग्यारहवीं सदी में होयसल राजाओं ने पत्थर काटकर एक मंदिर बनवाया था, जिसमें शंकर-नारायण या हरिहर की मूर्ति है और उसमें शिव व विष्णु, दोनों की शक्ल-सूरत तथा गुणों को दिखाया गया है। आज हरिहर शहर तुंगभद्रा के निकट है।

□

नोट्स

देवता और उनके निवास-स्थल

देवता या राक्षस	निवास : प्राचीन नाम	निवास : आधुनिक नाम
ब्रह्मा	पुष्कर ब्रह्म कपाला सत्यलोक	पुष्कर बदरीनाथ
शिव	कैलास पर्वत काशी	कैलास पर्वत वाराणसी या बनारस
विष्णु	वैकुंठ तोंडामंडलम	तिरुपति के आस-पास
लक्ष्मी	करवीरपुरा	कोल्हापुर
इंद्र	इंद्रलोक या अमरावती	
रावण	लंका	श्रीलंका
	ज्योतिर्लिंग	
नाम	**स्थान**	**राज्य**
सोमनाथ	प्रभासपाटन, सौराष्ट्र	गुजरात
नागेश	दारुक वन	गुजरात

मल्लिकार्जुन	श्रीशैलम	तेलंगाना
महाकाल	उज्जैन	मध्य प्रदेश
अमलेश्वर	ओंकार	मध्य प्रदेश
वैजनाथ	पाराजी	महाराष्ट्र
भीमशंकर	भीमशंकर	महाराष्ट्र
त्र्यंबकेश्वर	नाशिक	महाराष्ट्र
घृश्णेश्वर	एलोरा	महाराष्ट्र
रामेश्वरम्	रामेश्वरम्	तमिलनाडु
बिश्वेश्वर	वाराणसी	उत्तर प्रदेश
केदारेश्वर	केदार	उत्तराखंड

अमरत्व और उन्हें खंडित करने के उपाय

भक्त	वरदान	खंडित करने के उपाय
सुंद और उपसुंद	कोई और नहीं, केवल दोनों एक-दूसरे को मार सकेंगे।	एक सुंदरी स्त्री से विवाह को लेकर दोनों आपस में लड़ते हुए मरे।
तारक	कोई मनुष्य या देवता नहीं मार सकेगा।	एक बालक के हाथों मरा, जो शिव का पुत्र था।
त्रिपुरासुर	तीन अभेद्य राज्यों के इन असुर राजाओं के दुर्ग जब एक सीध में होंगे, तब मारा जा सकेगा।	भगवान् शिव ने एक तीर से तीनों को एक साथ मार डाला।
गजासुर	जिसके मन में कोई इच्छा न हो, वही मार सकेगा।	शिव ने मारा, जो कोई इच्छा नहीं रखते।

वृत्रासुर	लकड़ी या लोहे के हथियार से नहीं मारा जा सकता।	ऋषि दधीचि की हड्डियों से बने अस्त्र से मारा।
हिरण्यकशिपु	देव या मनुष्य, प्रातः या संध्या घर के अंदर या बाहर नहीं मारा जा सकता।	नृसिंह ने घर की दहलीज पर गोधूलि वेला में मारा।
जलंधर	शिव, जो उसके पिता समान थे, के अलावा और कोई नहीं मार सकता।	शिव के हाथों ही मारा गया।
मधु और कैटभ	अपनी मृत्यु का समय स्वयं तय कर सकेंगे।	विष्णु के उनसे वरदान में उनके मरने का वर ले लेने पर मरे।
गुह	मनुष्य या देव कोई नहीं मार सकेगा।	शिव और विष्णु मिलकर हरिहर बने, तब उसे मारा गया।